前言

很多从事销售工作的人心里都有这样一些疑问：

同是销售员，为什么他们热情拜访，却被客户拒之门外；为什么他们推荐产品时口若悬河，客户却不为所动；为什么明明很努力了，却不见业绩提升？为什么有些销售员，寥寥数语就能打动客户，让客户心甘情愿地购买；为什么他们总是有源源不断的老客户主动来找他们做生意？

答案很简单：口才不同。实际上，销售本身就是靠嘴吃饭的行业，好业绩都是“说”出来的，销售员的口才如何，直接关系到销售员的业绩及生活质量。一名出色的销售员，最大的本领也无非是具有出色的说话能力。

美国的“超级销售大王”弗兰克·贝特格曾经说过：“交易的成功，往往是口才的产物。”的确，销售人员是靠嘴吃饭的，一个具有语言魅力的销售人员对于客户的吸引力，简直是不可估量的；一名出色的销售人员，也必定是一个深谙语言艺术的人。可以这样说，你只要有了语言魅力，就有了成功的可能。

当然，在销售中，好口才并不是口若悬河，也不只是说好某一句话，真正的好口才是将销售话语说到客户心里，也就是打动客户，从某种意义上说，做销售就是在说服客户。只有说中客户的需求，才会有成交的希望。一句话点石成金，两句话心花怒

放，三句话绝对成交！可以说，没有好口才就做不好销售。

另外，销售口才涉及的范围很广，比如：电话销售、成功学、销售心理学、客户服务、演讲、销售对象的专业知识等等。正因为如此，销售员才要努力学习说话技巧，为自己成功销售充电。

不过，任何技能的获得——也包括销售中的口才，多是逐步学习并训练才能获得的，在这一过程中，也许你急需这样一位老师，教你如何逐步掌握销售口才与技巧。而本书就是总结销售过程中提高口才水平的诸多方法的一本书籍，能让你在客户面前更“能说会道”，用出色的口才打动客户，让你的销售业绩变得更加卓越!

《把话说进客户心里》一书主要从销售口才入手，从实际出发，在不同的销售情景中，结合诸多典型的案例，让销售人员掌握说话的精髓，提升表达技巧，巧妙地与客户沟通，打动顾客的心，促成成交。

总之，好的口才是是销售人员最基本、最重要的武器。好口才是打开顾客心扉、快速实现成交的通道。而我们可以说，本书就是快速提升业绩的专业读本，即学即会、即看即用，让你迅速精通销售口才的知识，成为销售精英。

编著者

2019年6月

把话说到客户心里

兰华——编著

中国纺织出版社有限公司

内 容 提 要

销售是靠嘴说话的行业，销售中如何说话是每一个销售员必须要学习的课程，销售中的话不在多、而在精，在于能否打动客户的心，这才是每个销售员要掌握的口才要点。

本书从实用性出发，结合销售过程中销售精英们切身的销售体验，总结出卓有成效的各种销售语言策略。希望通过阅读本书，你可以更好地进行销售工作、提高销售业绩，继而在现有岗位或未来的岗位上做出一番成就。

图书在版编目（CIP）数据

把话说到客户心里／兰华编著. --北京：中国纺织出版社有限公司，2019.10（2024.1重印）

ISBN 978-7-5180-6445-8

Ⅰ.①把… Ⅱ.①兰… Ⅲ.①销售—商业心理学—通俗读物 Ⅳ.①F713.55-49

中国版本图书馆CIP数据核字（2019）第164235号

责任编辑：闫 星　　责任印制：储志伟

中国纺织出版社有限公司出版发行

地址：北京市朝阳区百子湾东里A407号楼　邮政编码：100124

销售电话：010－67004422　传真：010－87155801

http：//www.c-textilep.com

E-mail：faxing@c-textilep.com

中国纺织出版社天猫旗舰店

官方微博http：//weibo.com/2119887771

新乡市龙泉印务有限公司印刷　各地新华书店经销

2019年10月第1版　2024年1月第5次印刷

开本：880×1230　1/16　印张：5.5

字数：125千字　定价：68.00元

凡购本书，如有缺页、倒页、脱页，由本社图书营销中心调换

目录

一线万金，销售员应该掌握这些电话沟通技巧

现代社会，随着通信技术的发展，电话已经普及，这为销售员的工作带来了便捷，电话销售也应运而生，但成功地做好电话销售需要掌握一定技巧。可能很多营销人员在给客户打电话的时候都吃过闭门羹，实际上，有时客户并不是对电话销售这种模式反感，而是对拨打电话的人的不满。同样的产品由不同的销售员推销，往往会收到不同的效果。这里，销售人员的能力起着举足轻重的作用。如果电话销售人员掌握娴熟的销售技巧，便能让客户接受，从而促成销售。

遭遇电话拦截，如何让客户接到电话

销售员在正式与客户成交之前，出于生意上的往来，很多时候需要通过电话和客户联系，但挡在销售员和客户之间的还有来自接线员或秘书的询问和盘查，要想直接和客户通话并非易事，销售员要想把电话打进决策层，和客户顺利沟通，就必须绕过这些障碍。

销售员："您好，请帮我找一下老陈。"

秘书："请问您是哪位，您有预约吗？"

销售员："我是王林，我有私人问题要找老陈，帮我转接一下。"

秘书："请问是什么事，我帮您及时转告。"

销售员："如果您能解决老陈的私人问题我就告诉您，否则请帮我转接老陈。"

接线员一般都不敢直接过问上级领导的私人问题，更不敢得罪领导的熟人。而销售员就可以利用接线人员的这一心理，用熟人的口吻、以私事为名要求接线员转接电话，如此，接线员一般不敢阻拦。

那么，电话沟通中，为什么要绕过电话沟通的障碍呢？因

为真正能决策是否购买、能承担购买责任的是对方的负责人，只有找到负责人，才算是沟通的开始。在电话沟通中，尤其是初次沟通时，找到你“真正的客户”才是关键。但很多时候，在找到他们之前，接通电话的往往是秘书或者接线员，我们一提到“销售”，接线员就会习惯性地挂断电话，给我们的销售工作带来麻烦，但是如果我们略施小计的话，就可能顺利跨过障碍。

那么，销售人员究竟该如何去突破这些障碍呢？

1.自报家门

自报家门时要讲究一定的方法，销售员不妨用一些经典的话术开头，这样就可以显示出自己的专业素质和身份地位等，用充足的信心为自己和产品做好宣传，如此，自身的可信度也有了提升。比如，你可以这样说：“您好！我是A公司的珠宝设计师，针对我们两家公司合作的事宜，我希望能直接同李总商谈，请帮我转接一下。”

2.过好“参谋”这一关

在很多企业，秘书的作用绝对不可小看，他们就是决策者和外界接触的直接“关卡”，而且，很多时候，他们充当的是决策者的参谋。销售员如果想和决策者顺利通话的话，就绝不能得罪这些参谋。事实上，某些决策者更加容易说话，反而是级别较低的参谋非常难缠。要想过好参谋这一关，销售员必须学会与他们沟通。在电话接通的时候，销售员一定要给足秘书

面子，最重要的是尊重他们，不要因为秘书不是决策者而敷衍了事，要学会礼貌的寒暄、速度不紧不慢、结构的条理性等，语气千万不能不可一世。

3.巧妙回电话

“刚才我的手机接到了一个电话，可能是你们王总打给我的，能帮我转一下吗？”也许你的手机从来没有接到过电话，但接线员不敢担待，只能帮你把电话接进去。这个方法特别巧妙，用这种方法打给许多企业的总裁秘书，他们一般都防不胜防。因为他们的确无法判断你讲的这句话是虚假的还是真实的。当然，这种方法不是百试百灵，因为有些负责任的秘书可能会去询问上司是否真的打过这个电话。

4.妙用私事法

和情景中的销售员一样，以负责人朋友的身份或者以私事为缘由打电话，接线员一般不敢擅作主张挂断电话。“我找××先生。”销售员这样直接称呼负责人的名字，接线人就会认为，可能××先生是你的好朋友，自然也就不敢过多为难。或许，你根本不认识负责人，只是知道该公司的电话等资料，但接线员就会认为，你们是老朋友、老同事、老关系、老业务等关系。

5.“死缠烂打”法

这是一种职业现象，无论哪个行业，似乎秘书总是女性，而女性基本上也有一个特点：易感情用事、心软。只要销售员

坚持给秘书打电话，晓之以情，动之以理，随着电话次数的增多，和秘书关系越来越熟，她便会被你打动，为你转接电话，甚至为你以后的销售工作带来很多益处。

6.赞美法

每个人都长着爱听赞美语言的耳朵，真诚地赞美别人会拓宽我们的路，销售中也是如此，学会赞美让我们赢得支持者。可能有些销售员会认为，购买我们产品的是对方的决策人，但在预约客户的时候，只有同接线人搞好关系才有可能成功与决策人沟通。有时候，我们不妨和接线人套套近乎，对其赞美一番，以此来获得对方好感。比如， 销售员："你是我见过的最训练有素的接线员了，你的普通话说得很好，声音更好听，一些播音员也没有你这么有水平呢！"

很多公司因为一些推销电话造成了工作中的不便，对销售员自然有一些条件反射性的防备，而对销售员来说，这种情况下，电话预约客户也就有了一定的难度，要找到真正的决策者并不是一件容易的事，但是，只要用心，就一定能找到那个最关键的人物。

客户在电话里就说"没时间"如何化解

现代社会，随着通信技术的发展，销售的渠道相对增加了不少，其中就包括电话销售。然而，面对陌生人的推销，客户总是有这样那样的借口拒绝，我们经常听到客户说“忙”“没时间”。其实，客户并不一定是真的忙，聪明的销售员会识破客户的借口，并采取一些措施，巧妙引导，从而让客户逐渐接受他们的预约或推销的产品。

林旭在一家公关公司担任市场专员，主要负责市场推广。工作中，客户经常以没时间为由拒绝和他交谈，这个难题，他一般在电话中就予以解决了。

一次，他的朋友告诉他A时装公司要办一场下一季的时装秀。林旭心想，这家公司是时装界的新秀，拿下这家公司的长期合作关系，会对公司效益有很大帮助，自己也会多一个稳定的客源。于是，他赶紧搜索了该公司的很多相关资料，然后设计了几种交谈方式，最终，他拨通了该公司负责人的电话。

林旭：“周总您好！”

客户：“你好！你是哪位？”

林旭：“我是A公关公司的市场专员林旭，您有听过我们公司吗？”

客户：“……好像听过，但也不是很清楚，你找我有什么事？”

林旭立刻道：“我听说贵公司马上要办一场下一季的时装秀，是不是？”

客户：“嗯，是有这方面的打算，你们消息还真是灵

通啊！”

林旭：“周总还真是幽默。可能您知道，我们公司在公关界还是很有地位的；另外，我们有很优秀的策划团队，在活动的策划方面有着相当丰富的经验，能帮助贵公司做到最好的宣传效果。您看您这两天什么时候有时间，我们面谈一次好吗？”

客户：“真对不住，这些天太忙，没时间啊，秘书已经把我些天的行程安排得满满的了!”

林旭：“没关系，您日理万机，肯定很忙。公关活动最重要的是品牌效应，我们公司在公关界还是有一定声誉的，也成功策划过很多公关活动，贵公司规模这么大，肯定少不了公关活动。我们彼此认识一下是没有坏处的，而且，您尽可放心，我不会耽误您太多的宝贵时间，借我十分钟就够了。您看，明后天，您哪天能抽出点空闲的时间呢？”

客户：“呵呵！你还真会说话，那就后天吧。”

林旭：“您过奖了，请问具体是什么时间呢？”

客户：“上午九点吧。”

林旭：“好的，那我们就后天上午9点见！祝您工作顺心，周总再见！”

客户：“谢谢，再见！”

细心的林旭在挂完电话后，为了让周总加深印象和敲定面谈的事，他给周总发了一条短信：“周总您好！非常感谢您能

在百忙之中接听我的电话，祝您工作顺利，心情愉快！顺便确认一下：您的地址是××大厦17楼1701室，见面的时间是后天上午9点。××公关公司市场专员林旭敬上！”

这段销售情景中，市场专员林旭之所以能敲定和周总面谈的事，就是因为他善于运用连环发问的技巧，即使客户说没时间，他也能让客户收回这一借口。我们不妨回味一下林旭是怎样使用这一技巧的。首先，他设计了一个很好的开场，一句“周总您好”运用得恰到好处，避免了客户的反感。然后，他又设计了一个与众不同的自我介绍，即先介绍自己所在的公司，以公司为背景无疑给自己的身份镀了一层金，客户自然也愿意与一个可信的销售员交谈。同时，这种介绍方式也是谦虚的表现，稍微细心点的客户都会对你留下良好的印象。最后，他留的一条善后短信，也加深了客户的印象。

那么，除了上面案例中销售员使用的连环发问法之外，还有哪些办法可以让客户收回“没时间”的借口呢？

1.时间确认法：妙用“5分钟”争取机会

“我现在很忙，请你改天打过来吧！”推销员小刘就这么被客户拒绝了，但小刘很聪明，“看您工作这么繁忙，打扰您还真是不好意思呢！这样吧，就5分钟，请您抽出5分钟听我说几句话，好不好？”听小刘这么一说，客户就答应了。

小刘的聪明之处就在于抓住了客户珍惜时间的心理，一般而言，客户说“很忙”只不过是一种借口罢了，但同时客户也

确实希望自己的宝贵时间不被占用。真正忙碌的客户，如果你事先和他约好“5 分钟”，他便很可能愿意抽出这几分钟时间听你说明。否则，“这个人不知道要跟我啰嗦多久”的心理，将使得他犹豫不决。

2.设置选项法：让客户自己做选择题

很多销售员，一遇到客户说忙，就显得束手无策。对此，我们可以这样让客户自己选择，“明后天哪天有空”“具体时间是几点”。这是一种思维设置方法，这样，无论客户怎样选择，都是在接受面谈的前提下，而对于销售员来说，只要客户开口回答，电话沟通就已经成功了，剩下的只是确认工作。

总之，销售员要明白，所谓的“忙”，只不过是客户的托词，你要做的就是识破并让客户主动收回这一借口，然后进一步确认具体面谈的时间。让客户明白，你能给他带来好处，从而激发他的兴趣，这样，你的推销工作也就成功了一半。

别让客户在电话里就嫌产品价格高

营销过程中，电话为我们起了不少辅助作用，其中就包括预约客户。也只有成功约到客户，才能开始销售活动。而我们发现，很多时候，销售还未开始，客户就已经十分关心产品的价格问题。在客户提及此事时，无论我们如何应付，都不能让

客户在电话里就说出“太贵了”这三个字，否则整个销售活动就会因客户对价格的不满而遭受失败。

小李是一名诚实、厚道的电脑推销员，公司给他的产品底价是3200元。这天，他打听到某公司老总要为员工们更换一批新电脑，于是，他拨通了对方的电话。

……

客户：“那么，你介绍的这款电脑怎么卖？”

销售员：“您如果要，我给您便宜点，每套就3300元。”

客户：“台式电脑还这么贵！ 3000元行吗？”

销售员：“不行，我看你好像是要买好几十台，已经是以最低价给你了。”

客户：“是啊，我一下子就要20台，你再给便宜点。”

销售员：“您要的再多也是这个价，真的不能再少了。”

客户：“也不让点价，你们要不要做生意啊？”

销售员：“那就给你3200元。”

客户：“就3000元。”

……

这桩生意的结果可想而知。因为这位销售员刚开始报价就不合理，一开始便将价格报得太低，这样一来，价格谈判的主动权就被客户占据了，这种情况下，销售是很难成功的。如果他把价格定在3500元或是3800元，那么，他就会有更大的谈判

空间。也许这名销售员只是想以较低的价格快速交易，而结果却是适得其反。

报价是销售人员不得不面对的问题。在很多行业中，价格是公司明确制定的，给予销售人员的权限也是一定的。那么，当电话约见的客户问到价格时，销售人员该怎样来报价呢？

1.学会用“公司规定”这几个字

当销售员被问及价格的时候，销售员要学会把这个责任推到负责产品或解决方案的大客户或顾问销售的身上，要向客户申明“这是公司的规定”，这样才会尽可能地避免利润损失的风险。

2.让客户尝尝有限的甜头

目前，为了吸引顾客，很多企业都举行过免费或者大减价活动。但作为客户，也总是有这样的心理，即价格低甚至免费的产品在质量和功能上肯定会有缺陷。对此，销售员在电话预约的时候，一定要明白客户的这一心理，对于这种甜头要有一定的限制，一定要说明或塑造产品的价值，别让客户认为你的服务价值为零。比如，你可以向客户说明，虽然是大减价，但是是限量提供或限期使用的，或者告诉客户有免费和收费的两种版本，免费的是提供体验，通过体验让客户先了解到价值，然后在免费期即将到期时，再根据客户的使用频率询问其是否愿意为继续使用付费。

3.报价时要留一定的空间

一般销售人员在电话中报价的时候，要注意的有以下几点：

（1）多强调产品的价值和良好的服务，以此来转移客户的注意力。

（2）报价的时候要给自己留一定的空间，别自断后路。销售员在报价时，一定要灵活，根据客户具体的购买情况而定，如果客户购买数量较多，在允许的范围内，你可以适当地给客户一定的价格优惠。而对于那些对产品价格很在意的客户，你不妨先重点推荐一款有价格优势的产品，特别是正在做活动促销的产品，其价格比较有诱惑力，先满足客户的通常性需求，先让他对你信任起来。

但销售员一定要注意，这些价格范围需要仔细考虑，一般要比公司规定的统一报价要低，比公司规定的底线要高。如果你知道竞争对手的价格，那最好与其相当。这样会让客户觉得你们企业对其有诚意，价格也合理。合理的利润才是保证优质服务的前提，不可盲目低价。

（3）不要给客户过多空间。

首先，在降价次数上，不要超过两次，不然客户会以为你本来的报价都有问题，尤其是那些对产品本身价格不了解的客户会以为自己被骗，然后强行要求降价。你不妨告诉客户："我们注重的是产品的售后服务，这价格已经是最低的了。"客户自会理解。

其次，增加产品的附加值。销售员可以给客户送些小礼品，既满足一些客户贪小便宜的心理，也能让客户感觉到这已经是底线了，你这是在帮他争取最后的利益，晓之以情，客户也就能体谅了。

妙用激将法成功将客户约出来

销售员想在第一次电话联系客户时便成功约访是非常困难的，有时，想让客户完整地听完介绍甚至都很困难。即使对方确实存在产品需求，他们仍然会习惯性地拒绝，无论销售员怎样设法吸引客户的注意力，他们似乎都不为所动。于是，为了摆脱销售人员，他们就敷衍了事。这种情况下，销售工作该怎样让客户说话算数，让销售活动进行下去呢？

小强是一家打印机销售公司的销售员，他有一个固执的客户——成经理。尽管他们办公室的打印机已经非常老旧，几近淘汰了，成经理也几次敷衍说要更换，可都是打马虎眼，仍然不打算更换。小强多次和他电话联系，每次联系他时都针对那台老旧的打印机大做文章，试图促使对方尽快购买，但是每次都无济于事。有一次，小强想出了一个招儿，他决定刺激一下客户，打破客户的固有思维。

在拨通电话后，小强感慨道："我上次去过贵公司，看见

了你那T型福特，T型的啊！”他的声音不大不小，清清楚楚地传到了成经理的耳朵里。

“T型是什么意思？”成经理有点尴尬。

“没什么，T型福特曾经是一款非常流行的汽车，但是现在它只是一个怪物。”小强说。

成经理很尴尬，之后，在同小强的交谈当中，他一度陷入沉思，他也感到自己敷衍了小强好长一段时间了。最后，在小强挂电话前，他主动提出周末要和小强谈谈，让小强把激光打印机的资料带上。

和案例中的小强一样，很多销售员都遇到过类似情况，有些客户，即使软磨硬泡，多次打电话，他们表面上虽说答应见面，但总是找理由推托，迟迟不愿付诸行动。但销售员小强是聪明的，他巧施激将法，在电话中就轻松搞定了客户。在电话预约客户时，销售员可和小强一样，当常规方法劝说客户面谈无效时，不妨用一用激将法，给客户施加一定的压力，让客户尽快作出决定，把口头上的承诺变成实际行动。但这一方法的前提是，销售员必须对客户有一定的了解，如他的购买状况和需求等。

那么，什么是激将法呢？激将法是相对于常规的劝说方法而言的，它是一种抓住客户害怕失去的心理，然后刺激客户、令其心理失衡的方法。销售员要让客户明白，错过这次见面机会，他将会有一定的损失。一般情况下，权衡之后的客户都会

被打动，答应面谈。这一方法一般适用于那些迟迟不愿面谈、口头答应却敷衍了事的客户。销售员不能被动地等待客户的消息，而应该主动出击，一举将客户拿下，保证预约工作的顺利进行，为接下来的销售工作打好基础。那么，销售员在电话预约客户的过程中，该怎么样用激将法使得客户言而有信，成功面谈并达成交易呢？激将法传递的是以下两种信息：

1.既得利益又受到威胁

当今社会，无论哪个行业，竞争都日益激烈，为了取得竞争的优势地位，很多企业或商家都在随时关注身边是否存在安全隐患或者潜在的威胁。聪明的销售员不妨就利用客户的这一心理，在电话预约客户的时候，你可以分析给客户看并刺激他们，即他们的既得利益又受到威胁，这种威胁不可不防，而这种威胁只有我能帮你预防。这样客户就会接受我们，最终答应同我们面谈，并顺利成交。比如：

销售员：“郭总，您经营这么大的娱乐城，一定很不容易。其实，娱乐城是安全隐患最严重的地方，鱼龙混杂，肯定免不了出现一些打架斗殴的事件，公司多少也会受到一些利益上的损失。所以，我建议您了解一下我们针对这种情况推出的保险业务，您看，您是明晚还是后天晚上有空，我去和您详谈一下？”

再比如：

销售员：“张先生，我最近作了一个市场调查，C公司的产

品最近在市场上的占有率已经提升了百分之二十，规模可是在您之上了啊！当初，它只不过是您旗下的一个子公司。您知道他们的优势在哪吗？他们的运输方式是国内最先进的，而这种运输方式，正是我们提供的……”

当然，这些只是企业或者个人的利益受到威胁的情况，销售员还可以从一些附加值利益（如企业形象）上刺激客户。但在刺激客户之前，销售员一定要清楚地了解客户的相关情况，否则很容易因为涉入不精而陷入僵局。

2.产生损失

没有人会眼睁睁地看着自己蒙受损失而不为所动。销售员要让客户明白，轻易拒绝会让他产生巨大的损失。这时候，客户一般会在内心权衡，他们宁愿不获取某种利益也不愿失去现有利益，这样他们便会因为担心而采纳意见，以摆脱内心的不安和忧虑。为了避免这种损失，他们一般会采纳销售员的建议，比如：

销售员：“刘经理，说实话，我很了解贵公司产品需要的设备，你们采用的是传统工艺，需要的是一些经典的老设备。而这批货是我们厂最后一批甲等经典设备，我们现在生产的所有设备都采用了新的工艺和技术，像这样经典的老设备可就是最后一批了，而且价格如此优惠，如果贵厂不加快行动，指不定哪个厂家就买去了。您看，你这周是周四还是周五晚上有空，我们面谈一下吧。”

总之，销售员要审时度势，巧妙运用激将法。当客户拒绝和你沟通、试图挂电话的时候，你应该自信地告诉客户：如果你不了解这些信息，你将面临巨大的问题或损失；如果你不接受我的意见，你将落后于你的竞争对手。通过这样的暗示，让客户产生强烈的好奇心和兴趣，从而主动了解我们的业务和产品。

入户拜访，营造轻松氛围是让客户认可的前提

我们都知道，销售就是靠嘴吃饭的行业，“只要肯干活，就能卖出去”的观念已经过时了，取而代之的是“周详的计划加上口才”，这一点在拜访客户时体现得尤为明显。拜访客户是营销活动中很重要的一个环节，只有在拜访客户的过程中。获得客户的认可，才能有下一步推销的可能。拜访时，我们除了要具备智慧、经验以及足够的实践经验外，还要掌握一套必备的说话策略。掌握这些说话策略，成功拜访的可能性将大大增加。

开场要到位，为你赢得客户的好感

任何一次语言沟通都少不了开场白。高尔基也说过：“最难的开场白，就是第一句话，如同音乐一样，全曲的音调都是由它来决定的，一般要花较长的时间去寻找。”这就是说，与人沟通，说好第一句话很重要，第一句话如同音乐的基调一样。对于如何找到音乐的基调，不可不知，不可不学。

好的开场白是成功的一半。在销售员与客户见面时，客户在打量销售员以后，注意力会立即转移到销售员的语言上，这时候就要看销售员如何开场了。销售员要在两分钟内完成一个精彩的开场白也并非易事，而且，一般情况下，很多客户对销售员都会有习惯性的防御心理，只是程度不同而已。销售员在开场的时候，不妨抓住客户的这一心理，不走常规路线，用异乎寻常的方法开场。我们先来看一个常见的销售场景：

销售人员：“今天沟通的流程是这样的，我先为您介绍一下产品的各种功能，接下来讨论一下后期的维护问题。”

客户：“现在讨论维护问题还为时过早。”

销售人员：“那么，我们讨论产品的功能吧。”

客户：“我今天忙得很，改天再说吧。”

销售人员：“那您什么时候有时间呢？”

客户：“你这人怎么这么烦呢？说了没时间。”

销售员无言以对。

这就是客户逆反心理的典型表现。上述的潜在客户对销售人员的提议并没有作深入的思考，便立即将自己头脑中的第一反应说了出来，直接反驳了销售人员的意见。他的一系列回答表明的是他对销售员推销的产品没兴趣，其实，这主要是由于销售员没有设计一个可以令其感兴趣的开场。

在这里，我们需要了解的是逆反心理并非真正反对，因此不能把它当成反对来处理。但实际情况是，一旦客户对销售人员所说或所做的事产生逆反心理，许多销售人员就会把这种情况当成销售异议来处理。他们认为，如果能解决异议，客户的逆反心理就会自动消失。但是这种公式化的处理方法对于逆反心理是没有作用的，因为你不能压制客户表现自我价值的需要。那么，在开场的时候，我们如何才能尽可能地降低客户的逆反心理呢？

1.多问少说

常规思维是销售员向客户陈述自己和产品，而实际上，这种方法正助长了客户的逆反心理，这是因为大多数的陈述通常有一个明确的观点立场，很容易被人抓住并提出反对意见。例如：“我们的产品声誉很好。”这一陈述就容易被持有其他观点的人反对，其实在他们看来可能是“是吗，我怎么听到很多不好的评论呢”“我用过，真不怎么样”，等等，反正是与我们的陈述相对立的。

要减少客户逆反心理的作用，必须从预防开始。有时候，不妨多对客户提问，这样，就可以调动客户的情绪，激发客户的兴趣。

2.增加可信度

在销售中，对于前来推销的销售人员，多半客户是不信任的，所以会有抵触心理，尤其是对于那些初次见面的推销人员，客户更是小心谨慎。而对于那些他们相信的、熟悉的销售人员，客户的态度就会积极很多。

可见，销售过程中，建立可信度是主要目的，但这不是一朝一日就能建成的，需要销售员长期的努力。当客户认为你可以信任的时候，就很大程度提升了你销售成功的可能性。可信度使得客户和我们的关系比较融洽，也就减少了客户逆反心理的发生概率，能让双方迅速打开有效交谈的大门。人们总是乐于和自己信得过的人分享一切，客户亦是如此，当他们信任你时，他们便不再将你拒之门外，而是会主动邀请你进行更深入的交往。

3.激发客户的好奇心

每个人都有好奇心，正如美国杰克逊州立大学刘安彦教授说的，“探索与好奇，似乎是一般人的天性，神秘奥妙的事，往往是大家最关心的对象”。在销售中，销售员也可以利用人

的好奇心，激发客户的兴趣。

激起客户的好奇心是引导他们进行有效交谈的最佳途径之一。有好奇心的客户愿意更多地了解你的产品和服务，人们不太可能既好奇又逆反。

你可以观察到，当人们开始产生好奇心的时候，会谈的气氛会变得活跃起来好奇心使得人们更加投入，注意力更集中，甚至身体也会向你靠拢过来。他们提出问题满足自己的好奇心，也就是要求我们的帮助。显然，客户不可能一边要求你的帮助，一边又把你推开。

4.进行立场转换

减少逆反作用的另一个方法是转换自己的立场，这样，你得到的回答往往会是自己想要的。我在曾经的销售中通常问客户这样的问题“我来得不巧吧”“打扰您了吧”“下星期作销售演示是否太快了”等。上述每个问题的回答似乎都是负面的，所以对方的逆反心理往往使他的回答正中我们的下怀，这一技巧就叫立场转换。

别怕被拒绝，这是销售常态

拒绝，是令世界上每一个销售员都头疼的问题。但是，不存在拒绝就不存在销售，真正成功的销售员，也是从被别人拒

绝的难堪中一步步走出来的。如果一个销售员从来没有听到过客户的拒绝，那么他就不是一个真正的销售员，充其量只是一个订单接受者。在一定程度上，客户拒绝就像吃饭穿衣一样普通常见，是销售过程中一个必然存在的部分。美国著名成功学大师杰弗里·P.戴维森曾说过：“通常情况下，当客户说过七次‘不’之后，交易就会成功了。”

为此，在拜访客户时，销售员如果不能很好地处理客户拒绝，那么就很难得到客户的认同，也容易影响自己的心情。毕竟，经常被拒绝会令人变得非常沮丧。

某销售员到某小区推销产品。

客户在试用完销售人员提供的产品后，觉得不合适，拒绝了销售员。

销售员：“夫人，请问您试过之后觉得还满意吗？”

客户：“不满意。”

销售员（微笑）：“我是真心为您服务的，并真诚向您请教，您能告诉我是哪方面不满意吗？因为这是我们店里新到的货，我们要及时地关注客户对它的反映。另外，如果您不满意这件上衣，我再为您推荐其他几款。”

客户：“你这小姐服务态度真好，那行，还有什么新款，我再看看。”

情景中的销售人员在面对客户拒绝的时候，仍然是以积极的心态向客户请教，这样的销售员才是合格的。即使这次她没

有卖出去产品，她谦虚大方的态度也会让客户感到她是以负责的心态来推销产品的，这名客户自然会成为她的准客户。

的确，作为销售员，在拜访客户时，即使被拒绝，我们也应该保持积极的状态。如果发现客户的拒绝只是出于一种自然而然的防范心态，就需要以比较温和轻松的方式继续沟通。如果客户真正地拒绝，那么就保持优雅的礼貌，把精力放在发展客户关系上。不论客户有没有购买产品，一旦建立了良好的客户关系，以后自然会拒绝变少，接受变多。

而要做到这些，销售员就要做到有个好心态。

1.转换思维，正确看待被拒

销售界，没有拒绝就没有销售成功，累积一次次被拒的经验，就是一笔笔销售的财富。销售代表训练之父耶鲁马·雷达曼说：“销售是从被拒绝开始的！”世界首席销售代表齐藤竹之助也说：“销售实际上就是初次遭到客户拒绝后的忍耐与坚持。”明白这个道理，销售员在被拒的时候，就不应该那么消极了，而应该有点阿Q精神。这种精神并非消极，它会让你面对挫折越战越勇，所以推销中我们应把拒绝看成是我们的路标，一路上数着被拒绝的次数，次数越多，心里就越兴奋，告诉自己达到二十次拒绝时就会有一个认同者了。

2.要习惯被客户拒绝

对于客户的拒绝，销售员必须积极对待，并要逐渐习惯这种拒绝。其实，有时候客户的异议与拒绝反倒是对产品感兴趣的表现。如果客户对你的介绍充耳不闻，甚至漠不关心，那么他就没有购买意向，你的努力也就是白费。所以，销售员要在心里鼓励自己："被拒绝的次数越多越意味着将有更大的成功在等着我。"必须正面看待客户说出的拒绝。

3.调整你的情绪

真正有成就的销售员是愈挫愈勇的，因为他们了解客户的心理。客户基本上都会习惯性地对销售员有防御心理，他们也总是习惯于拒绝销售员，因为这样就能争取销售中的主动地位，拒绝销售员也是他们争取更多利益的武器。因此，在沟通的过程中，销售员千万不能因为客户的拒绝而表现得沮丧和恐惧，有时候只要积极一点，即使已经被拒绝了，还是有挽回大局的可能。

如果每逢遭遇客户拒绝就情绪消极、轻言放弃，那么这样的销售员是很难获得成功的。无论最后能否实现成交，我们都应该以一颗平常心去面对。

4.化解拒绝

（1）保持应有的礼貌。即使被客户拒绝了，销售员也不要忘记对客户尊重保持和应有的礼貌和态度，不要因为客户没有购买就横加指责。相反，一如既往地对客户礼貌有加，虽然客户这次不需要，但下次有需要的时候，他一定会优先选择从你那里购买。

（2）坚持最后三分钟。有些客户相当反感死缠烂打的销售

员，聪明的销售员能从客户的语言和动作中察觉出客户是否真的拒绝。对于那些有需求的客户，销售员不妨再坚持三分钟，告诉客户，“三分钟，只要三分钟就好！”面对这样坚定、诚恳的语气，客户一般不会拒绝。销售员可以抓住这个机会打动客户，为接下来的销售打开局面。

（3）从拒绝中总结经验教训。要弄清楚客户不愿购买的真正原因，不断地分析自己的销售技巧，确定有待改进的地方，然后付诸实践。埃里希·诺伯特是德语地区最著名的管理和销售培训专家之一，他曾说过：“不要害怕客户任何形式的拒绝，只要你抓住一个关键点——弄清客户拒绝购买的真正原因，那一切问题就会像医生找到了病因一样变得明朗起来。”

在销售过程中，很多客户都会在一开始就对销售员推销的产品表示异议，进而迅速否定，这往往令销售员非常沮丧。其实，客户提出异议是很正常的事，而这通常也是客户对你的产品感兴趣的一个信号。但是销售员在面对这种情况时，往往不是对客户提出的拒绝进行识别，而是想尽快化解客户的拒绝，但越是这样越会引起客户的不信赖。所以，当遇到这情况时，销售员可以积极引导客户，让其说出产生异议的原由，这样你才能了解事情的真相。

敲门寒暄，让客户放松警惕心理

寒暄是开场白中最常见的一种。这种方法通常适用于我们与客户第一次打交道时，因为问候对方是一种礼节，我们只有先让客户感受到我们的善意，然后才能进行下面的交易。寒暄作为交谈的“导语”，具有抛砖引玉的作用，得体的寒暄可以赢得客户的好感，让沟通顺利进行下去。

某周六早上，老年保健品推销员小林敲开了准客户刘老先生的门。开门的正是刘老先生。

进门以后，小林扫视了一下客厅，整个客厅都有种古色古香的感觉。不一会儿，他抬头就看见满客厅的字画。很快，他就找到了与刘老先生交谈的话题。

“哎哟，这字写得，我真不知道怎么形容。刘老先生，这是您从哪里弄来的墨宝呢？是市里哪位书法家的真迹啊？”

刘老先生一听，顿时笑了起来，说：“你真是见笑了，这是我父亲写的，他比较爱好这些，平时没事就练练书法……”

“看来我今天还真是来对了，令尊现在在家吗？”

“这几天他去省城的姐姐家了，估计过几天才会回来。”

“真是可惜了，我还想要是令尊在家的话，我想向他老人家讨要点他的字画呢！”

“哦，原来是这样啊，这个你可以放心，我可以做主，送你几幅。”

“太谢谢您了……”

就这样，刘老先生与小林就中国字画的话题聊了起来。聊到尽兴之时，小林突然装作乍醒的样子说：“刘老先生，您看，我和您一聊到这里，就忘了我今天来原本是要想……不过，您不购买也没关系，我今天可是收获颇丰啊！”

“你说的是老年保健仪器？老爷子身体现在越来越不好了，我也没时间陪他锻炼身体，要不，你回头送一台过来给我看看吧。”

“好的，谢谢刘老先生啊。”

案例中的客户刘老先生为什么会如此爽快？很简单，这得益于销售员小林在提出销售问题前进行了一番语言的铺垫，得体地与之寒暄了一番。在进门之后，小林就对客户家的一些特点进行观察，于是，他很快找到了与客户寒暄的话题。我们再细想一下，难道他真的不知道那些字画出自客户父亲？当然知道！他这样问，只不过是让自己的赞美显得更真实可信。于是，针对客户家的这些与众不同的“风景”，小林与客户展开了一番深入的交谈，并很快便获得了客户的好感。此时，小林再提出自己拜访的真正目的，客户的抵触情绪自然少得多。而在这种情况下的小林依然不忘提及自己“今天拜访收获颇丰”，这就再次加深了客户对自己的良好印象。这时，客户再从自己的角度考虑，就很爽快地表明自己有购买需求。

事实上，在对客户的拜访中，我们寒暄的内容可以是多方

面的，如天气冷暖、身体状况、风土人情、新闻大事等，我们要尽量用语言把话题引到客户感兴趣的话题上去。但是寒暄时具体话题的选择要讲究，要注意话题的轻松性，话题的切入要自然。

一个好的开始就是成功的一半。人们见面时通常会有一番寒暄，销售也是如此。一段精彩的开场白，通常也都是以寒暄作为铺垫的。英国著名作家托马斯·卡莱尔曾说："礼貌比法律更强有力。"寒暄其实就是一种礼貌，也是在与客户接触时一个比较重要的问题。作为销售员，我们在与陌生客户正式交谈之前，能否做好开场工作几乎可以决定我们是否能成功拜访客户。因为初次见面的时候，客户一般都有戒心，对销售人员有一种自然的防备心理。为了打破相互之间的隔膜，我们不妨与客户寒暄一番，以迅速拉近与客户间的距离，尽可能与对方实现沟通和交流。

与客户寒暄的前提是，我们要大胆、自信、主动地和客户交流，敢于向客户抛出话题。这一点对于那些刚踏入销售行业的新人来说尤为重要，如果不敢主动迈出第一步，就无法做到突破。刚开始做业务的人，有时候不知道跟客户讲些什么，而且有时候有很多的顾虑，很容易冷场。

除了主动外，我们寒暄时还要表达自己的真诚与热情。试想，当别人用冷冰冰的态度对你说"我很高兴见到你"时，你会有一种什么样的感觉？当别人用不屑一顾的态度夸奖你"我

发现你很精明能干”时，你又会作何感想？推己及人，我们寒暄时不能不注意态度。

拜访客户，你可以遵循这样一些语言攻略

很多销售人员认为，拜访客户时只要能说会道，对产品足够了解就可以打动客户。实际上，你会发现，无论你怎么能言善辩，你的拜访结果都一直维持在一个很难令人满意的水平上。这是为什么呢？其实，拜访的技术掌握程度是决定销售成败的最关键因素，我们除了要具备智慧、经验以及足够实践经验外，还应掌握一套必备的说话策略，而且，有些话必不可少。如果我们能将这些话都说到位，那么，成功拜访的可能性将大大增加。

一套完备的说话策略包括三个方面。

1.巧妙开场，打消客户的顾虑

柳叶是公司的销售主管，一次，她约好与某公司的采购主任方先生进行洽谈。

双方见面后，业务代表与采购主任方先生之间的交易似乎不太顺利，谈话也不是很畅快。经验丰富的柳叶看出问题出在了双方交谈缺少某些“润滑剂”上。于是，她灵机一动，突然想起来，她曾经在整理方先生的信息资料时发现方先生有一对

双胞胎女儿，今年刚刚上小学，方先生特别疼爱她们。于是，柳叶就趁机与他聊起了女儿。

“听说方先生有两个非常可爱的女儿，是吗？”

“是的。”方先生脸上顿时流露出来一丝微笑。

“听说还是双胞胎，今年几岁了？”

“7岁了，这不，已经上学了。我下班还要去接他们呢！”

“听说她们的舞蹈跳得特别棒。”

“是呀，前几天还代表学校参加了全市的演出呢！”

提起了女儿，方先生的话就多了，聊了一会儿女儿，方先生主动把话题引到了这次见面的业务上。

“其实，你们公司的产品……”

我们发现，案例中的销售主管柳叶是个很善于与客户沟通的人。当她发现客户与业务代表之间的交谈不顺利时，她便立即找出了能引导客户多说话的话题——客户的双胞胎女儿，进而慢慢消除了客户的心理障碍。在业务代表与方先生交谈的不顺利的情况下，如果柳叶依然坚持谈业务本身，那么，过不了几分钟，方先生肯定就会下逐客令了。但是，柳叶抓住时机，巧妙地引入方先生感兴趣的话题与其聊天，这样便很容易地打破了谈话的僵局。在拜访客户的过程中，任何一个过程都不可遗漏，否则就显得有失礼仪。

可见，开场白的设计是否得当，关系到你后面的销售能否顺利进行，必须要慎重对待。这里包括以下几个步骤：

步骤一：称呼对方的姓名

叫出对方的姓名及职称——每个人都愿意、都喜欢自己的名字从别人的嘴里说出来。

步骤二：自我介绍

清晰地说出自己的名字和企业名称以及经营产品。

步骤三：感谢对方的接见

如："非常感谢陈总经理在百忙之中抽出时间与我见面，我一定要把握好这么好的机会。"

步骤四：寒暄

寒暄在销售工作中是必不可少的一部分，根据事前对客户的资料准备，表达对客户的赞美，或者配合客户的状况，选择一些能引起对方兴趣的话题。

2.抓住时机，陈述拜访理由

那么，如何陈述拜访理由呢？对于有预约的情况，我们可以这样表达："××先生，您好。我是某某公司小陈，就是上周去拜访您的那位。"而对于没有预约的情况，我们则可以这样表达："××先生，是这样的，今天我来拜访呢，是因为我从您的好朋友××那里得知，您最近需要购买一批××。他和我们合作很多年了，相信我们的产品，所以让我上门来和您谈谈……"在有了开场白的情况下，客户对这些信息接受起来会更容易，也不会有多少逆反情绪。

3.告辞时不忘礼节用语

俗话说：去时要比来时美。只有这样，你才能给客户留下深刻而又美好的印象。拜访结束后，无论是否取得积极的拜访结果，我们都要彬彬有礼。

拜访客户，告辞时与进门时的寒暄同样重要，我们不可忽视告辞时的礼节用语，特别是你在被客户拒绝的情况下，你的表现更能体现你的个人素养。此时，你的举止应该更沉稳，比如，一边收拾资料，一边向客户道歉："对不起，打扰您了！"或者："在您方便的时候，我再来拜访您！"然后鞠躬告退。你越是彬彬有礼，越是能让客户感受到你的良好修养，甚至让客户产生内疚的感觉。

的确，我们不可能与拜访的每一位客户都达成交易，但我们应当努力去拜访更多的客户来提高成交的百分比。而要达到这一目的，以上任何一个细节性的话语都必不可少，将这些话说得得体、到位，才会给客户留下良好的印象，从而有助于我们的推销工作！

产品推介，三言两语让客户钟爱产品

销售过程中，介绍产品是一个必不可少的环节，而销售员如何介绍自己的产品直接关系到客户的最终抉择。对此，我们要明白，任何一件产品，只有在充分展现其卖点并与客户的需求结合起来的时候，才能真正打动客户。为此，我们销售人员一定要熟悉、了解产品的相关知识，掌握介绍产品的方法，以专业、精练的语言向客户诉说产品的卖点，让客户产生强烈的购买愿望。只有这样，才有可能说服客户作出购买的决定。

你的专业解读能增添客户对产品的信心

我们都知道，向客户介绍、展示产品是销售中的必经阶段，也是让客户拿主意的关键阶段。销售员在介绍产品的过程中语言表达能力如何，也直接关系到客户的最终抉择。任何一个客户都希望与一个专业素质高的推销员合作，因为专业才能提供更多的保障。

因此，每个销售人员都要从专业角度为客户介绍产品，并将产品的优越性以最吸引人的方式或语句展示给顾客。可以说，业务素质应该是销售人员的基本素质。

销售员小江从客户那里回来后，愤愤不平，向同事小刘诉苦。

小江："刚才那个客户真是烦人，他什么都不懂，还非要冒充是行家，说我卖的电脑这里不好，那里不好。还说他们家那台老式的电脑是目前市场上卖得最火的，我看至少有三四年的时间了，你说好笑不好笑！"

小刘："那你怎么说服他的呢？"

小汇："说服他？我刚开始和他讲解现在的市场行情他不听，后来我生气了，和他大辩了一通，使出我浑身的解数。结

果他一句话都说不出来了，哈哈。”

小刘：“那他有没有买你的电脑呢？”

小江：“……”

小秋来现在的投资公司担任市场推广员已经有一段时间了，可她似乎还是和刚来的时候一样，业务没什么进展，她自己也不知道问题出在什么地方。于是，公司为她找了一位前辈，指导她的工作。

这天，小秋和前辈蔡经理一起来到某公司。

小秋开始进行自己推销工作：“陈先生吗？你好！您现在有时间吗？很不好意思打扰你。我姓张，是xx投资公司的业务推广代表，我想向你介绍……”

而这位陈先生直率地说：“对不起。我正忙，对此不感兴趣。”说着就告诉秘书：“送客。”

小秋只好离开。就这样，她连续拜访了几家公司，都是这样的结果。

在小秋连续受到打击之后，这位前辈开始问小秋：“小秋，你知道为什么客户总是在你说了几句话之后便不加思索地拒绝你吗？”

小秋想，现在的客户难搞定是一件公认的事，我搞不定客户，也没什么出奇。

蔡经理见她不吱声，便解释起来。

“首先，你应该说明来意，而不是直接问对方有没有时间。哪位客户会说自己现在很闲？另外，你发现没，你在正式介绍产品前的表达是‘我想向您介绍……’这样说，一点也不专业，也显得自己很没信心。总结起来，你在和客户沟通的时候，虽然说得话很多，但没切中要害，显得毫无章法。”

案例中，这位前辈的话是有道理的。向客户介绍产品的语言一定要专业，不能显得冗杂、没自信。否则，客户是不会取信于你的。

如果我们在展示介绍的过程中语言过于冗杂，势必会让客户没有耐心进行信息的筛选。因此，销售人员向客户介绍产品时，一定要以最专业、精练的话，使自己的营销活动尽可能高质量、高效率地展开。为此，你需要记住以下几点原则：

1.专业解答，展现自信心

商场里出现了这样一幕。

“小姐，这台空调为什么比那一台贵那么多？”一位家庭主妇问道。

“因为这台比另一台要好一些。”售货员小姐答道。

“这个我清楚，可是我想知道的是，究竟好在哪里。它有什么突出的优点，要值那么多的钱？”顾客不依不饶。

“嗯，这个我不清楚，我只是负责卖的。”

这位小姐虽然只是一个商场售货员，但要想成功地卖出产品，还需要一些业务素质。很明显，她做得不够。

因此，销售人员在进行推销之前，一定要对产品的基本特

征有充分了解，比如：产品的名称、产品的技术含量、产品的物理特性等。另外，销售人员还要重点说明产品的效用，因为客户最关心的永远是产品能给自己带来什么好处和利益。关于这一点，销售员必须要予以重点说明。

2.使用简洁明晰的语言

简洁，就是力求话语简练，不能啰唆重复，不要说多余的话，它反映了量的要求；明晰，就是要把意思表达清楚，使对方准确理解其含义，它含有效果方面的要求。简洁明晰的语言表达，就是以最少的语言传递最多的信息，突出重点地宣传、销售产品，这需要销售人员对产品相当熟悉，并且有良好的语言表达能力。

简洁明晰地表达出自己的观点是一个优秀的销售人员必须具备的素质，也是一个销售人员职业形象的重要部分。销售人员应尽可能地用最清晰、简明的语言使客户获得想要知道的相关信息，因此，锻炼和培养良好的语言组织和表达能力对一个销售人员来说至关重要。

3.借助权威和数字，赢得客户的信任

不得不承认，在销售员介绍产品时，客户常常是心存疑虑的。他们为了证明自己选择的正确性，减少购买的风险，会向销售员提出各种问题，此时，我们专业的销售语言就能派上用场。

销售人员必须让自己成为最熟悉产品的人，也就是产品的专家，只有这样，才能应付关于产品的任何问题，正如人们说的："如果说销售95％靠的是热情，那剩下的 5 ％靠的就是产

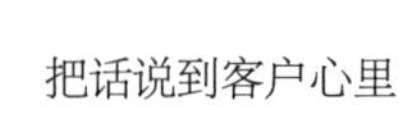

品知识。”同时，只有具备了专业、丰富的产品知识，才能信心十足，才能产生足够的热情，成为销售专家。其实，很多销售高手最值得骄傲的不是自己的销售业绩，而是他们在其产品或服务方面的渊博知识无人能及。

用“效果”说话，让客户自己爱上产品

人们常说“耳听为虚，眼见为实”，相比销售员所说的，客户更愿意相信自己的眼睛，相信产品的效果。一位著名的推销员曾说过：“如果你想勾起对方吃牛排的欲望，将牛排放在他面前，固然有效。但最令人无法抗拒的是煎牛排的‘吱吱’声，他会想到牛排正躺在黑色的铁板上，吱吱作响，浑身冒油，香味四溢，不由得咽下口水。”其实，这就是产品的效果，正是这种“吱吱”的响声使人产生了联想，刺激了人的欲望。因此，聪明的推销员在向客户介绍产品时，多半都会注重展现产品的效果。

1.别开生面的开场，抓住客户眼球

有一个牙医，他把患者的X光片放在墙上，使患者一坐下就可以看到自己牙齿损坏的情况。然后，牙医就会说：“不要等牙坏到不能用的程度才来就医。”

销售员开口之前，一个与众不同的产品展示方式，往往能

立即吸引住客户的眼球，让客户产生了解产品的欲望，产生亲身感受产品的欲望，从而产生认同商品的看法。

通用电气公司几年来一直想推销教室黑板的照明设备给一所小学，可联系了无数次，说了无数的好话均无结果。后来，一位推销员想出了一个主意，使问题迎刃而解。他拿了根细钢棍出现在教室黑板前，两手各持钢棍的端部，说："先生们，你们看我用力弯这根钢棍，但我不用力它就又直了。但如果我用的力超过了这根钢棍最大能承受的力，它就会断。同样，孩子们的眼睛就像这弯曲的钢棍，如果超过了孩子们所能承受的最大限度，视力就会受到无法恢复的损坏，那将是花多少钱也无法弥补的了。"

没过多久，通用电气公司终于如愿以偿了。

通用公司的聪明之处，就在于让产品自己说了话，让顾客自己看到了产品的效果。在销售过程中，如何让产品说话是决定销售成败的一个至关重要的因素。

2.完美勾勒，开发客户的想象力

销售人员推销的对象是商品，但是你应该明白的是，有时候卖商品不如卖效果，因为客户虽然购买的是产品，但实际上是在购买某种效果。比如，家电类的实用性产品，你不妨在功能和经济性上给对方以利诱；而对于那些名表、戒指等奢侈品，你不妨在地位与身份上大做文章。总之，抓住你的产品会产生的效果，有侧重地加以说明，便能恰到好处地吸引住你的客户。

为了使客户产生购买的欲望，销售员有时候不妨夸张一点，尽量对客户心中已经建起的美好画面进行渲染、放大，同时还必须对他们加以适当的劝诱，让客户自己产生购买欲望。

3.巧妙引导，带动客户亲身体验

如果我们能积极创造出让客户参与产品演示的机会，让客户用视觉、嗅觉、味觉、触觉等感觉亲身体验产品，让他们户对产品有切身体会，他们就更容易联想起拥有产品之后的感受，就能很快明了产品给他们带来的好处。所以，对于销售员来说，完全没有必要不舍得让客户使用自己的产品，客户只有亲眼看到效果，亲自感觉到产品的好处，才乐意购买产品。

香港一家专营胶黏剂的商店的店主，为了让一种新型“强力万能胶水”广为人知，便用胶水把一枚面额千元的金币粘在墙壁上，并宣称：“谁能把金币掰下来，金币就归谁所有。”一时，该店门庭若市，登场一试者不乏其人。然而，许多人费了九牛二虎之力仍然无果，有一位自诩“力拔千钧”的气功师专程赶来，结果也空手而归。于是，“强力万能胶水”的良好性能声名远播。

当然，这家黏胶剂商店终于如愿以偿了。

在向客户介绍产品时，充分调动客户尝试的积极性是非常重要的。因为这样做，产品给他们的印象会更深，他们对产品的理解也会更透彻。

人人都有好奇心，体验式销售使每个人都能自己去尝试、

接触、操作。不论你推销的是什么，都要想方设法展示你的商品，而且要记住，让顾客亲身参与。如果你能吸引住他们的感官，那么你就能掌握住他们的感情了。

销售员不能一味地介绍产品而忽视客户的感受，因为当你介绍的时候，客户很可能产生一些疑问，如果不给客户说和问的机会，没有互动这个环节，那么客户就会把这些疑问搁置，结果只会是，即使客户在你介绍的过程中对产品产生兴趣，最终也会丧失这种兴趣。因此，销售员只有不断和客户互动，及时发问，才会了解客户的想法并很好地引导客户的思维。发问会让客户参与其中，对产品的感受更加深刻。当客户了解这些以后，就会有一种想尝试的欲望，此时，我们的销售也就近乎成功了。

因此，不论你销售的是什么，只要你能想方设法让客户感受到产品的效果，你的销售工作就成功了一半。

陈述产品卖点，让客户一目了然

销售过程中，我们通常会遇到这样的情况：无论我们怎么陈述产品的优点，劝谏客户购买，客户似乎总是提不起兴趣，最终拒绝了我们的推销。听到客户这样说，很多经验尚浅的销售员会选择放弃推销或者继续喋喋不休地向客户推销产品。而

实际上，这两种做法往往都是无效的。原因是什么呢？主要是销售员只是为了介绍产品而介绍，而这样介绍无异于背产品说明书。此时，如果我们能转换一下介绍产品的方法，尽量向客户陈述产品的卖点，用产品的卖点打动客户，那么，情况就可能截然不同。

小颖是一家电子科技公司的销售员，她主要推销的是电话软件。这天，她去拜访一位科贸公司的经理，这家公司人脉广泛，小颖希望通过与这家公司的合作拓宽自己在这一领域的销售渠道，但在她与这位经理交流的时候，两人产生了不同的意见。

客户："实话说，我觉得你们公司的报价太高了，其他公司的相对便宜些。"

小颖："报价太高了？您这样认为的吗？"

客户："是的。"

小颖："不过，我想您应该不会反对我与您进一步展开合作吧？"

客户："那倒不至于，可是我为什么要买贵的呢？"

小颖："如果我们有机会再次合作，难道您不觉得我们可以帮助您建立更广泛的客户群吗？"

客户："嗯，很有可能。"

小颖："您想，我们平时买质量优质的手机和传真机，都是为了拥有更好的通话质量，对吗？如果我们的产品通过与您的合作被更多人所使用，那么那些受益者者第一个想到的就是

贵公司的名字，对吗？”

客户：“嗯，那倒是这么回事。”

小颖：“所以，我们可以进一步想，稍微多花一点点钱，就能获得更好的收益，这很划算不是吗？而相反，买了便宜的但质量得不到保证，这不是因小失大吗？”

客户：“这倒是实话。”

小颖：“那么，您不反对我们通过和您的合作可以帮助更多人建立起一套更实用的电话系统，是吗？”

客户：“是。”

作为销售工作成败的决定者，销售员只有在谈判中突出自己产品的卖点和优势，才能获得掌控销售进程的权利，进而决定销售工作的前进方向。如此，销售工作也就不再困难了。

一个完整的产品包括很多方面，如：价值和附加值、性能与卖点等。因此，当客户已经了解产品的相对稳定和普遍的价值与性能时，销售员要着眼于产品不同于其他产品的优点与性能介绍，这样，产品优势才能显现出来。也就是说，销售员一定要让客户了解到产品的卖点。在介绍产品时，要把产品的特征转化为产品的益处，如果不能针对客户的具体需求说出产品的相关益处，客户就不会对产品产生深刻的印象，更不会被说服购买。如果针对客户的需求强化产品的益处，客户就会对这种特征产生深刻的印象，从而被说服购买。

1.掌握有效说明产品卖点的方式

小路是一位印刷用纸销售员。一天，他打电话给一位印刷厂厂长，他对这位厂长比较了解，知道他有实力，做事有魄力。

“张经理，您好。我是纸厂的小路，我听朋友说您为人非常好，我很想认识您，更想有机会为您服务。没有重要的事我也不敢打扰您，是这样的，我厂最近有一批库存纸需要处理，比市场价便宜。我厂每年只有两次特价，一次是2~3月份，一次是10~11月。机会难得，关键是货不多，所以我不敢告诉更多的人。按照厂里的规定，一次性购买500令纸的话，每吨可以便宜500元，一次性购买1000令纸的话，每吨可以便宜600元，您看您买多少令呢？我建议您还是一次性购买1000令比较合算，因为它可以立即为您节省将近两万元。”

“如果我只想要600令呢？”

“600令，我想想……噢，对了，我有一个朋友需要200令，正愁没个伴儿呢！要不您要800令，你们两家我做一张出库单，这样1000令就可以享受优惠了，对大家都有好处，您看呢？”

“这样也行，就800令吧。”

针对各种情况，销售人员要根据不同的客户采用以下不同的说明方法。

（1）产品先进的技术会给您带来巨大的效益。

（2）方便的使用方法会为您节约大量的时间。

（3）这种产品可以更多地体现您对家人的关心和爱护。

（4）产品时尚的外观设计可以体现出您的超凡品位。

当然，销售人员应该注意的是，说明产品的卖点时，必须针对客户的实际需求展开。如果提出的产品卖点并不符合客户的需要，那么，这种产品的性价比再高，也不会引起客户的购买兴趣。

2.突出产品的优势与卖点

当客户说出理想产品的必备条件时，销售人员要将自己产品的特征和客户的理想产品进行对比，明确哪些产品特征是符合客户期望的，哪些要求难以实现。在进行一番客观的对比后，销售人员就能有针对性地对客户进行推销了。

（1）突出产品的卖点与优势。销售人员要强化产品的卖点与优势，对客户发动攻势。如："您提出的产品质量和售后服务要求，我公司都可以满足您，一方面，我公司的产品特点在于……另一方面，我公司为客户提供了各种各样的服务项目，如……"在强化产品优势时，销售人员必须保证自己的产品介绍是实事求是的，并且要表现出沉稳、自信和真诚的态度。

（2）弱化那些无法实现的需求。销售员要客观地表达产品存在的不足，因为客户也明白，任何产品都无法完美地实现客户的所有要求。对此，销售员要真诚地表现出来，但要尽量弱化。比如，销售员可以这样做：

其一，提差价，淡化付出。这种方法适用于很多产品的推销，如：“只要多付1000元，您就可以享受到纯粹的海南风情。”

其二，分化客户购买的成本。这要求销售人员对自己的产品有较深的理解，并且这种理解符合大多数人的生活习惯。如：“您只要每周少抽一包烟，购买这个产品的钱就出来了。”“您只要每天花两毛钱，就可以让您的容颜停滞十年。”

妙用比较，让客户看到产品的优势

在介绍产品的过程中，客户免不了会有一些反馈意见。但有时候，我们会发现客户总是觉得我们的产品不够好，这也正是让很多销售员头疼的问题。对此，销售员不能轻视，更不能心存芥蒂。因为俗话说得好，对你的销售没有意见或者不嫌你货的人往往是走马观花的看客，他们是不会把精力浪费在你身上的。其实，客户嫌货是因为客户没有对同类产品的价格或者是对同等价格的产品进行比较系统、全面的了解，只要我们善于对比，自然会消除客户对价格的疑虑。

客户：“听你这么说，我觉得你们的产品挺好的，但我还是觉得M公司的设备比较符合我们的要求，而且他们的价格比你们的要低得多……”

销售员：“的确，他们公司的产品价格比较低，他们的设备也不错，但是我们的产品更适合你们。因为贵公司每年的维修

费都是一笔巨大的开支，产品的使用寿命是贵公司需要考虑的关键问题，又加上贵公司的生产方式需要一种高性能、高效率的设备，而且需要考虑设备长久的资源利用率，我们公司的产品刚好可以与贵公司的旧设备共同作业。您觉得呢？”

客户：“嗯，你说得也有道理。可是，你们公司设备的价格与他们产品的价格相差甚远，而他们公司的设备质量也不错。”

销售员：“他们的质量确实不错，这是一份产品故障调查报告，我们的设备故障率只有1.2%，不知道对方有没有这样一份故障调查报告。据我所知，他们的故障率一直都是在5%左右。这样算下来，贵厂将会为此多付出几万块。”

情景中的销售员运用的就是对比的方法，让客户看出了产品的优势，综合考虑后的客户必然会作出正确的选择。

世界上没有完全相同的两片叶子，也没有完全相同的产品，不同产品间自然会有优劣之分。因此，在介绍产品的过程中，销售员如果善于运用比较的方法，就能突出产品的特点和优势，对于说服客户有很大的作用。

对比的方式有很多种，一般来说，对比有横向对比、纵向对比、同类产品对比、不同类产品对比等几种方法。而通常情况下，最常见的是向客户对比不同种类产品的优劣，或者拿竞争对手的产品与自己产品进行对比。另外，我们除了对比产品的价格外，还可以对比产品的性能、服务等，但无论是运用哪种对比方法、对比产品的哪些方面，都是在传递同一个信息，

那就是产品的优势。如此一来，我们就能通过对比让客户找到最满意、最适合的产品，从而加深客户的购买欲。

总的来说，有以下几种对比方法：

1.价格对比

这种对比方法可以说是最常见的，即销售人员用所推销的产品与同类产品进行比较，用较高的同类产品价格与所谈的产品价格作对比，从而让客户感觉便宜的方法。很明显，当销售员列出同类产品的高价格时，所谈的产品价格就显得低了些。但运用这一策略时，我们还需注意：

（1）销售人员手中至少要掌握一种价格较高的同类产品，当然，掌握得越多越好，这样才更有可比性。

（2）对自己的产品要有信心。这就要求我们销售员在客户批评我们或者我们的产品时做到耐心倾听，相信自己的产品。等客户批评完之后，再予以解释，巧用价格比较。这也体现了一个销售员的修养问题。然而，很多销售员在介绍产品时，一听到客户抱怨产品，就按耐不住心中的怒火，有的甚至和客户理论起来，这是断不可行的。

（3）把握客户心理，让客户自己在内心作比较。销售员在作价格对比的时候，最重要的还是要把握客户的心理。当我们就产品的价格进行对比之后，并不需要过多地进行进一步的解释，而要让客户自己在内心作对比，客户自己得出结论远比我们告知他们妙得多！

2.价值对比

客户：“我觉得你们的设备挺符合我们的要求，只是这质量方面，我还是有点担心。因此，我觉得有些贵。”

销售员：“这个您完全可以放心，国家质检部门已经作过多次检验了，我们所有的设备合格率是90%以上，而且这型号的设备质量比其他的都好，它的合格率达到了95%，而其他公司的产品才85％。”

客户：“是吗？”

销售员：“是的，您看，这是产品相关的质量合格证、质检部门的检测报告……”

客户：“是这样啊。”

销售员：“目前这款设备已经在全国20多个城市销售了100多万台，重要的是直到现在我们都没有接到任何关于这款设备的退货要求。所以，您大可放心。”

这段案例中，我们发现，这位销售员就是从人们最关心产品质量的这一心理出发，拿自己的产品与行业内的其他产品进行对比，让客户消除了对产品质量的疑虑。

总之，在介绍产品的过程中，在客户有购买需求的前提下，只要我们巧用对比，让客户感觉到物有所值，客户一定会购买。

巧妙提问，一问一答间探出客户真心

产品推销中，提问是一个不可或缺的环节。巧妙地向客户询问好处多多，不仅能问出客户的真实需求，掌握客户的内心动态，减少信息不对称造成的误会，还能把握和控制整个销售进程，获得客户的好感。为此，有人说，在销售中，你问得越多，客户答得越多；答得越多，他暴露的情况就越多。然而，如何向客户提问考验着我们的口才，如果不假思索地提问，不仅达不到理想的销售状态，恐怕还会适得其反，引起客户的反感，乃至造成与客户关系的恶化、甚至破裂。为此，我们需要掌握提问的技巧与方法，只有灵巧提问，才能步步深入，探出客户的真心！

销售员必须要掌握的几种提问技巧

在销售中，是否能在一开始就引起客户的兴趣，在于销售员是否懂得运用语言的艺术。聪明的销售员会巧妙地提出问题，从而在开始就了解到客户的真实想法，进而引导客户的思维跟着自己的导向走。所谓说服的艺术，并不是上演一场场独角戏，而是需要你来我往的相互交流，提出相应的问题，并引导你的谈话对象去仔细地思考，然后说出他的意见与看法。

小王是一名电脑推销员。一次，经预约后，他来拜访某公司的领导。

小王："上次，您谈到电脑的性能可以满足3~5年的需求。这怎么理解呢？"

客户："使用寿命短、更新太快是笔记本的最大缺陷，我们希望笔记本电脑能够用得久一点。"

小王："确实是这样。我记得几年前，电脑的主频只有200多兆，现在的主频已经到了3.0G，是以前的十多倍。您觉得电脑使用期限方面的主要瓶颈在哪里？或者说，三五年以后，笔记本的哪些配置会成为使用的障碍？"

客户："我想听听你在这方面的看法。"

小王：“您看看我这几年用电脑的情况您就知道了。我也是前几年买的电脑，现在的问题是配置不够高，以至这几年总是要升级硬盘。事实上，考虑到内存的升级最容易而且价格下降较多，内存现在只要够用就行了，以后可以很方便地升级。为了能够使您的电脑用得时间长一些，我觉得您应该在CPU的主频和硬盘方面的配置高一些，显示屏应该使用19英寸的，这样在几年之内都会是顶级配置。”

客户：“你建议的配置呢？”

小王：“您也知道，现在的科技技术发展太快了，以前的奔四马上就要停产了，现在生产的电脑CPU有酷睿双核、弈龙和一些四核高端产品，而且Intel的CPU最近会降阶，我建议您采用E5300的CPU。您使用的数据量很大，考虑到以后升级硬盘时要淘汰现有的硬盘，所以我建议您这次的硬盘配到1TB。内存就使用2GB就可以了，显示器选择19英寸的。”

客户：“有道理，我就按照你的建议买吧。”

小王通过对客户的巧妙提问，摸透了客户的需要。这有利于正确地向客户介绍和推销产品，使后面的销售工作容易得多，由此可见提问的重要性。销售员在与客户沟通的过程中，多提一些积极的问题，可以增加客户对产品的信心，从而加强客户购买的愿望并最终决定购买。销售中，提问包括以下七种方式：

1.主动性提问

主动式提问指的是在介绍完产品后，销售员针对客户的感受直接提出的疑问，目的是得到客户的反馈意见。一般来说，只要销售员注意自己的说话方式，客户都会直接、正面回答这些提问。比如，销售员可以直接问客户："这件衣服是今年的最新款，不知道您喜欢不喜欢这种颜色呢？"如果客户说他不太喜欢，那么"症结"就已经找到了。

2.建议式提问

销售员应该提醒客户，在购买产品后会得到某些利益和好处，并提出一些良好的建议。客户在经过思考后，如果能对你的意见产生认同感，一般都会购买产品。比如，婴幼儿产品推销员可以这样推销："请问您的宝宝多大呢？如果是一岁以下的婴儿，我建议您……如果是……"短短的一个问题，会让客户感觉到你的贴心，又会让客户感觉到你的专业，令你赢得客户的信任和认同，从而给客户留下良好而又深刻的印象。

3.重复性提问

重复性提问就是重复客户的疑问，从而肯定客户的观点，容易让客户产生认同感。例如，当客户对你的产品服务产生不满时，你可以问："你是说你对我们所提供的服务不太满意？"那么，这一提问方式有什么好处呢？第一，能起到对客户言论的确定作用，避免理解错误；第二，起到缓冲问题的作用，销售员可以借此机会想出解决的对策；第三，这类问题还可以用来安抚客户的气愤、厌烦等情绪。

4.选择式提问

选择式提问需要销售员对可能产生异议的几种问题进行分类，提问过程中不能遗漏任何可能性，然后让客户自己从中选择一个或几个。

例如，推销员可以问客户："您好，我们的产品有哪些问题让您觉得不太符合您的需要呢？是样式、体积、重量还是口味……"

5.指向性提问

例如："你们一般都买哪个品牌的化妆品？""你们每年花在旅游上的经费大概是多少呢？"这些都属于指向性提问。这种提问方式的不足是，只能询问客户愿意公开的问题，也就是不能深入提问，但好处是一般客户都乐意回答。

6.细节性提问

细节性提问的作用是，可以使得客户进一步表明自己的观点或者不满，方便了解购买中产生异议的原因。比如，当客户只说出对产品不满时，你可以问："请告诉我您对产品哪里不满意，好吗？"

7.结论性提问

结论性提问是根据客户的观点或存在的问题，推导出相应的结论或指出问题的后果，诱发客户对产品的需求。这类提问通常使用在评价性问题和损害性问题之后。

销售人员需要注意的是，在使用这些方式提问时，对客户要表现出关心，语气不可太生硬。

巧妙试探，从客户的兴趣点抛出问题

经验丰富的销售精英都知道，在与客户进行沟通的过程中，你问的问题越多，获得的有效信息就会越充分，最终销售成功的可能性就越大。弗朗西斯·培根也曾经说过：“谨慎地提问等于获得了一半的智慧。”提问的好处多多，但很多销售员苦思冥想也不清楚如何提问才有效。实际上，我们都有这样的经验，人们对于自己感兴趣的问题才会乐于回答。既然如此，我们何不以此为突破口进行巧妙的询问呢？

李伟有一家自己的公司，专为其他公司提供销售人员和管理人员。在一个星期五的下午，他和他的老同学有一个约会。那天天气很热，当他到达约会地点的时候，发现自己早到了20分钟。为了不让这20分钟的时间白白浪费掉，他决定找个客户进行推销。

李伟找到了一家规模比较大的汽车销售店，走了进去。

“你们老板在吗？”他问销售员。

“不在。”

李伟并不退缩，又问道：“如果不在店里的话，他会在什么地方呢？”

“在大街对面。”

李伟走到街对面，在接待室他问：“你们老板在吗？”

“嗯，他在办公室里。”接待小姐说。

当时那位老板正在和销售经理商量事情，李伟走进他的办

公室，问道：“您作为贵公司的老板，我想您大概总是在想办法增加销售额吧？”

“年轻人，你没看见我正在忙吗？今天是星期五，又是吃午餐的时候，你为什么在这样的时间拜访我？”

李伟满怀信心地盯着对方说：“您真的想知道吗？”

“当然，我想知道。”

“好吧，我是刚从雷丁乘车过来的，我有个约会是下午两点，但我早到了二十分钟。因此，我想利用这短暂的时间来访问。”稍作停顿，李伟又压低声音问：“贵公司大概没有把这种做法教给销售员吧？”

那位老板听到李伟的问话后，绷着脸看了销售经理一眼。过了一会儿，老板微笑着对李伟说：“多亏你，年轻人，请坐吧。”

这则案例中，李伟之所以能在二十分钟内得到客户的认可，正是因为他抓住了商人的一个心理特点，从对方关心的问题——销售额上入手，并以此设置悬念，引导客户回答出“当然，我想知道”，从而赢得了客户的好感。同样，销售员采用这种方法，可以让客户放下心中的疑虑，与你心平气和地交谈，这样可以对业务的成功起到推动作用。

当然，在与客户沟通时，以客户感兴趣的话题提问也是有一定技巧的，如果用得不恰当，也会适得其反。具体来说，我们可以这样提问：

1.就地取材

其实，我们不必绞尽脑汁地寻找提问客户的话题，因为一般来说，生活中，人们都会关注这些话题：

你可以谈足球、篮球和其他运动。

你可以谈食物、谈饮料、谈天气。

你可以谈生命、谈友情、谈光荣。

你可以谈同情心、谈责任感、谈真理。

你可以讨论书籍、电影、广播节目、国际新闻或本地的新闻。

你可以交换一下关于某个杂志上看到的一篇文章的观点。

……

诸如此类，都是很好的谈话题材。

2.从客户在行的话题问起

提问要注意问及对方所在行业，特别是应从他的专长或职业下手，这样，就能让你应付各式各样的客户，使话题不断地延续下去。假如对方是医生，你对医学即便是门外汉，也可以用“问”的方法来打开局面。“近来感冒又流行了，贵院大概又要忙一阵子了吧？”这样一来，对方的话匣子就打开了，你可以从感冒谈到症状、药品和补品等，只要双方都不厌烦，话题就会一直谈论下去。

3.借助媒介法

例如，你想向一位陌生人推销，而他正在看报纸，你便可以用报纸作为媒介，对他说：“先生，对不起，打扰一下，请问您手里拿的是什么报纸？有什么重要新闻吗？”如此一来便

开启了双方对话的源头。

4.有所避忌，有些问题不可问

在和客户谈话的时候，有些方面是需要特别注意的：

不要问及对方的花费，如别人衣饰的价钱或送礼的价值以及请客所花的费用，这会让人觉得你触及他的经济能力或者怀疑他送礼的心意；

不可以问女子的年龄（除非她是六岁或六十岁左右的女性）；

不可问别人的收入；

不可详问别人的家世；

不可问别人用钱的方法；

不可问别人工作上的机密……

己所不欲，勿施于人。凡是你不想让人知道的事，你也应该避免询问对方。谈话的目的在引起对方的兴趣，而不是使任何一方没趣。能令对方滔滔不绝，是你说话的本领，也是你增广见闻的方式。

向客户提问时，令对方感兴趣的话题可以说俯拾皆是，关键在于要能够依照特定的情境去发掘，并且恰到好处地运用！

不着痕迹，三言两语间问出客户的购买能力

作为销售员，我们都知道，客户是否有购买能力是判断其是

否能成为我们准客户的一个方面。客户有购买需求、有购买权，但是没有购买能力，这样的话，我们依然无法成功地推销出产品。勉强分期付款的客户，也可能会造成销售后的呆账或死账。因此，在推销前，我们应谨慎行事，在大型的购买活动中，要提前了解客户的经济水平和购买力，在确认你的潜在客户有这方面的预算后，还要对其信誉进行一番考查。我们考查客户的购买实力的一个重要方法就是提问，但在提问时一定要注意方式，最好以温婉探问的方式，尽量在悄声无息中了解，否则很容易引起客户的反感，丢失生意。

一天上午，某汽车4S店进来一位大概四十出头、打扮不入时的男士。店内的推销人员对这位先生上下打量了一番后，大概认为其并没有购买能力，也就没有主动过去为其服务，而销售员彤彤则不同，她走过去主动和客户打了招呼："先生，您好。我是这家4S店的销售员彤彤，很高兴为您服务。"为了不打扰顾客看车，作完自我介绍后，她就在一旁观看，并未出声。

就这样，这位先生一个人在店内转悠，一会儿说这辆车车价太高，一会儿又说那辆款式不漂亮。看到一旁的彤彤，他说："我今天只是随便看看，没有带现金。"

"先生，没有问题的。我和您一样，有很多次也忘了带。谁也不会随身带着很多现金，您尽量看，有什么问题可以问我。"

"好的，谢谢你。"

然后，稍微停顿一会儿，彤彤观察到客户有种脱离困境、

如释重负的感觉。彤彤想：他是真的没带钱，还是没有购买能力呢？于是，针对这个问题，彤彤决定大胆地试探一下顾客。

“先生，您有中意的车吗？”

“那辆奥迪不错。”

“是的，您的眼光不错，这辆车最近卖得很好。”

“是吗？可是，能分期付款吗？”

这下子，彤彤明白了，原来顾客是担心价格和付款方式问题。于是彤彤说：“当然可以，你现在就可以与我们签约。事实上，您不需要带一分钱，因为您的承诺比世界上所有的钱更能说明问题。”

接着，彤彤又说：“就在这儿签名，行吗？”等他签完后，彤彤再次强调说：“您给我的第一印象很好，我知道您不会让我失望的。”

结果确实没令她失望，第二天，这位顾客就带来首付提走了那辆车。

这则销售案例中，销售员彤彤之所以能轻松推销出去这辆车，是因为她和其他销售员不同，面对看似没有购买力的客户，她还是愿意一试。并且，最可贵的是她敢于主动试探顾客，从而让客户自己道出了购买的顾虑——希望分期付款。

的确，客户的购买能力是决定客户是否能完成购买的关键因素之一，客户没有经济实力，即使他们的需求再强烈，也不会购买。对于这类顾客，如果我们纠缠不休，不仅浪费时间，还会招致

顾客的厌恶。但有些销售员在遇到类似徘徊于案例中汽车店内的顾客时，总是会妄下断言：光看不买，一定是买不起。这也是不正确的，因为也有一些客户更相信自己的眼光，需要多项选择。为此，很多销售员产生了疑问：如何判断出客户是否有足够的经济实力购买呢？其实，我们不妨像案例中的彤彤一样，主动出击，巧妙地探问。

那么，我们该如何提问，从而筛选顾客呢？对此，我们可以从以下三个方面入手：

1.询问客户的职业

这天，家具店里来了一位年轻女孩，导购员晴晴赶紧迎上去，一番寒暄之后，晴晴了解到女孩是布置结婚新房。于是，晴晴就试探地问："张小姐，请问您在哪里高就？"

"哪儿算什么高就，我去年就辞职没干了，专心装修新房。幸亏老公的公司运营得不错，不然我也得上班。"

听到客户这么说，晴晴就大胆地为客户介绍了一些高端的家具。当然，最后这几单生意都成交了。

案例中的晴晴是个精明的导购员，她通过询问得知客户的职业——全职太太。虽然客户张小姐没有工作，但是她有丈夫这一经济后盾，因此对方是有一定的经济能力购买高档家具的。

一般来说，人们的职业与收入状况和身份地位是吻合的，因此你可以借机问顾客："能多问一句，您在哪里高就？"

2.针对顾客的支付计划进行提问

我们可从顾客期望一次付现还是要求分期付款，或是支付首期金额的多寡等，来判断客户的购买能力。

一位保险销售员去拜访客户，见到客户后，他说："保险金您是喜欢按月缴，还是喜欢按季缴？"

"按季缴好了。"

"那么受益者怎么填？除了您本人外，是填你妻子还是孩子呢？"

"妻子。"

"那么您的保险金额是20万元呢，还是10万元呢？"

"10万元。"

3.看顾客的穿衣打扮，委婉提问

一般情况下，人们的收入状况和经济水平是可以从其穿戴打扮上看出来的。穿戴服饰质地优良、式样别致的客户，应该有较强的购买能力；而服饰面料普通、式样过时的客户多是购买力水平较低、正处于温饱水平的人。

为此，推销员通过观察客户的服饰打扮，大体上可以知道客户的职业、身份及购买力水平。比如，你在向顾客推销一件衣服的时候，你可以先这样说："您今天的首饰真好看，好像是今年××杂志上的主打产品，是吗？"根据顾客的回答，你大致就可以看出顾客的购买情况了。

总之，销售员在对客户进行说服时，只有弄清客户的经济水平，才能分析客户为满足自身需要所能够接受的价格水平。

此外，一定要注意提问的方式，太过直接、明朗会引起客户的负面情绪！

恰当反问，掌握沟通中的主动权

可能很多销售人员都发现，很多情况下，客户明明对产品感兴趣，却迟迟不购买。这是因为客户把这种购买意愿储存在大脑中，而没有激发出来。若要激发这种购买欲望，就需要销售员采取提问的方式。当然，提问的方式有很多种，其中就包括反问。通过一步步反问的方式，我们能激发客户的需求和紧迫感，进而促成交易。

小王是一名电脑硬件销售员。一次，一位客户来购买硬盘，看了一会儿后，对他说："你们这电脑硬盘太小了，我需要大的。"

小王一听，就知道顾客对电脑硬件知识不是很了解，于是，小王对顾客进行讲解："您知道什么是硬盘吗？其实硬盘就像一个小盒子，您可以把你需要的文件存储在那里面。当然硬盘也有自己的容量，就像蓄水池，不过它的单位不是毫升或者立方米，而是有自己专门的单位，有80GB、160GB、240GB的，数字越大，容量越大。您想要多大容量的硬盘？"

小王这番话轻而易举地使顾客明白了什么叫硬盘。顾客不肯购买的缘由是硬盘小，而他指的小是指体积，这明显就是外行人的话，小王抓住这一点，用理论知识给客户以反击。但一

定要注意，你的推销语言要清晰明了，这样客户对你的信任感与好感才能油然而生。当顾客对你有了好感后，又何愁交易不能达成呢？

因此，在销售过程中，如果销售员能恰当反问，便可以顺利把客户带进自己的谈话模式中，变被动为主动；而如果销售员不懂得如何提出反问问题的话，销售员将无法获得客户信息。那么，在具体销售过程中，销售员应该如何向客户提出反问呢？

1.疑问型反问

这是最简单的一种反问方式，指的是销售员可以直接对客户提出自己想要知道的问题，但这种反问方式一般不适用于客户不愿意公开的问题，除非你与客户有不一般的关系。这种反问方式的好处是，客户一般都乐于回答。例如，销售员可以问："看您的穿着，您应该最喜欢红色的包包吧？既然这样，为什么不试背一下呢？"通过使用疑问型的反问句，销售员可以在短时间内明确谈话的重点，引导客户进行有效沟通。

2.层层递进型反问

这种反问方式在销售过程中比较普遍，它的目的是通过步步深入的反问，让客户认识到问题的严重性或者加深认识等，从而激发客户的情绪，唤起客户的购买欲望。比如，销售员向客户推销空调系统的过程中，可以向客户反问："炎热的夏天，全家人在空调下享受清凉的时候，您一定不愿意看到空调突然坏掉。如果您的空调突然出现故障您会是什么心情？您的家人会不会抱怨您没有买一台质量很好的空调呢？”销售员这样逐级增加问话的深度，往往能吸引客户注意力，从而让沟通气氛愈加活跃。

3.机智幽默型反问

这种反问的方式一般出现在客户产生异议，而直接反驳客户会引起尴尬的场景下使用。其目的在于消除尴尬，起到圆场的作用。方法是尽量别直接攻击客户提出的异议、疑问等，从侧面或其他角度表达态度、倾向和观点，机智巧妙地回应对方。在一则笑话中，就曾使用幽默型的反问，让人在感到快乐的同时又有所领悟。

妈妈：“你选哪一个苹果？”

儿子：“我要那个大的。”

妈妈：“你应该懂礼貌啊，要小的才对。”

儿子：“妈妈，难道懂礼貌就是要撒谎吗？”

4.讽刺型反问

讽刺型反问一般是，销售员受到了客户不公正和不平等的指责等，为了不伤及客户的感情而使用的方式。

客户：“昨天晚上怎么没有送货过来？”

销售员：“我在公司值班呢。”

客户：“那怎么不派人送来？”

销售员：“别人也都要值班呢。”

我们暂且不论销售员的这种做法正确与否，单就其反问的方式而言，是值得借鉴的，这种方式既表达出了反问者的想法，又保全了气氛的和谐。但销售员要记住，在销售过程中，

运用这种反问方式时一定要注意把握分寸，不要伤害客户感情，更不能激怒客户，否则会造成不可收拾的后果。

具体来说，就是要注意自己的态度，不能让客户感觉到自己的自尊心受到伤害，说话更不能咄咄逼人，否则很容易和客户发生口角，最终导致生意失败。

比如，有些销售员在反问客户的时候，经常会说出这样错误的话：

“难道你说的话都是真理？”

“难道你有我熟悉这一行业？”

可想而知，类似这样咄咄逼人的反问只会火上浇油，很容易激怒顾客。如果销售人员能够稍微变通一下，采取另一种方式，所带来的结果可能完全是另外一番景象：

“我不觉得您的话没有道理，但是我也不觉得我不比您更懂行情，因为我毕竟是做这一行的。”

可见，销售员换一种表达方式，会让人听起来更顺耳一点。语气的作用有时候是非常神奇的，同样的含义有很多种表达方式，选用得当的表达技巧，能使得销售局面由坏转好。

总之，在销售过程中，如果销售员能恰当反问，便可以顺利把客户带进自己的谈话模式中，变被动为主动；如果销售员不懂得如何提出反问问题的话，销售员将无法获得客户信息。

打消顾虑，轻松解开客户心结

在任何一场买卖活动中，客户都希望以最低的价格买到最满意的产品，为此，面对那些前来推销的陌生销售人员，他们难免有这样那样的顾虑：要么是产品功效上的，要么是产品价格上的，也有一些客户对产品或者销售员存在偏见……这些疑虑正是影响成交的障碍，会在无形中给我们的销售工作带来困难。此时，我们要想成功推销，就必须发挥我们的口才，打开客户心结，揭开客户的真实意图，并做到有的放矢，针对客户不同的疑虑，采取不同的措施予以解决。

大方承认产品的优缺点，给客户吃一颗定心丸

在销售过程中，客户总是存在这样那样的疑虑，而这正是影响成交的最大障碍之一。这也是有原因的——有些销售员为了尽善尽美得展现自己的产品，总是报喜不报忧，甚至把产品吹嘘地过于完美，并刻意隐瞒产品或服务的缺陷。比如：你销售的化妆品明明是化学物质制成，你却说绝对是草本植物制成；你负责销售的电脑辐射很大，你却说此类电脑的辐射是行业里最小的；交货日期最起码要一个月，你却说只要二十天……这样的说辞并不会取得客户的信任，相反，客户迟早会发现你的伎俩，如此，也就会给销售造成障碍。而实际上，客户的一些疑虑是完全可以避免的，比如，销售员主动暴露产品某些无关紧要的小缺点，或者主动提出客户的疑虑，把可能出现的问题“晾”出来。这样就等于给客户吃了一颗定心丸，可以令其对我们产生信任。

1.“晾”出产品优点，让客户主动说“是”

小齐是一名供暖设备的推销员。一次，他要将一批供暖设备推销给某假日酒店，客户对他的产品很感兴趣，但到最后并没有如预料中那样顺利地成交。小齐知道问题出在了价格上，

于是他主动提出："王总，我明白，可能您觉得我们的产品贵了些。这一点我也承认。但在，刚才我给您演示的过程中，您也看到了，我们的设备完全是一套节能环保设备，甚至可以变废为宝，这是其他任何供暖设备不能做到的，而这一点也会为贵酒店带来很多可观的收益……"小齐说完后，对方连连点头，最后顺利签约。

上述案例中，销售员小齐之所以能成功说服客户购买，就在于他能在客户提出价格异议前主动告诉客户产品贵的原因。这样，客户就打消了"购买产品会吃亏"的疑虑，自然会选择购买。

销售过程中，最具说服力的劝服技巧无非是让客户自己承认产品的优良或服务的到位等，让客户在拒绝之前先说"是"，从而有效将客户的拒绝遏制住。比如，你可以对客户说："××先生，您应该知道我们的产品向来都比A公司的产品价位低一些吧？"

当然，销售员在让客户肯定某些销售情况时，必须要对该情况有十足的把握，不能让客户抓住把柄。

2.“晾”出产品不足，让客户感受到你的诚实

一家医院和某药厂合作了很多年，近来却突然决定不再使用那个药厂的产品了。原来，该药厂的一位销售员到医院去向医生介绍一种治疗风湿病的药时，他对那位医生说："张医师，只要有了这种药，保证你们医院所有的风湿病人都可以被

治好。”

医生听后很生气，说：“你还真敢吹牛，把我当傻帽儿啊！风湿病是无法根治的！以后我们医院再也不用你们厂的药了，你走吧！”销售员只好悻悻地走了。

案例中，销售员所犯的错误很明显：没有如实、客观地反映，反而夸大说明产品的功效。他忘记了和自己合作的是医院，医院对所有药品的性能和功效都有一定的了解；况且他犯的是常识性错误，自然会引起客户的反感，生意失败也在情理之中。相反，如果这位销售员能够实实在在地说明他们药物的作用，比如，“张医师，我们通过大规模的实验证明，这种药物能有效减轻绝大部分风湿患者的症状，这里有一份报告，您可以看一下”，或许那位医生还可以考虑一下。而他所夸大的事实正好是医生所熟悉的专业内容，这就怪不得医生会生气了。

而现实销售中，一些销售员，尤其是那些销售新手，对于销售前辈们的做法常常感到不解：为何要向客户主动透露产品的一些缺点呢？这样做不等于赶走顾客啊？其实不然。这些销售前辈的做法是正确的。因为，任何一个客户都明白，这个世界上没有完美的事物，产品更是如此。如果我们一味地只提产品的优势而掩盖不足，反而会引起客户更多的疑虑甚至反感。“不打自招”则会打消客户的疑虑。

所以，每一个销售员都应该明白：诚信是维持友好客户关

系的根本，只有以诚实的态度和恳切的心情去与客户打交道，才能拥有更多客户，销售工作才能更好地进行下去。

3.巧妙地告诉客户真相

我们给客户吃定心丸，告诉客户产品的某些缺陷和不足也是讲究技巧的。告诉客户产品的真实情况，并不是说销售员要将所售产品的问题简单地罗列在客户面前。如果销售员冒冒失失地将产品的某些缺陷告诉客户，客户可能会因为接受不了这些缺陷而放弃购买。如果销售员掌握一定的技巧，不仅可以赢得客户的信赖，而且可以更有效地说服客户，使客户产生更加积极的反应。比如，你可以转移话题，告诉客户产品的其他优点。许多时候，当你运用恰当的技巧诚恳地解释清楚个中原委时，明理的客户不但不会产生情绪，反倒会被你的诚实可信所打动。

总之，销售员必须明白，真正的销售技巧就是让客户长期地信任你。为此，销售员有时候不妨主动给客户吃颗定心丸，告诉客户产品的某些真实情况，以此获得客户的信任，防止客户顾虑过多。

委婉探寻，引导客户倾诉其内心真实想法

销售员在与客户谈判的过程中产生异议，是一种很常见的

现象，正如有人说的“嫌货才是买货人”，对产品或者价格有异议的才是你的准客户。但我们要事先揣测客户可能产生的异议，以及产生这种异议的原因。这样，在整个谈判过程中，我们才能有意识地消除这些异议。

有时候，交易双方总是会在价格或者其他方面不能达成一致，即使销售员一再退让，客户仍然不满意。这是因为销售员并没有准确把握客户的真实异议，其实，交易之所以迟迟没有敲定，很可能还有其他隐藏性的因素，所以销售员要分析清楚客户的真实异议。我们可以从客户自身和销售员本身找原因。而聪明的销售员会在肯定客户的前提下，慢慢引导客户，让他说出自己的“难言之隐”。

约翰是一名保险推销员，他这个月还没有一单成交量，这意味着他的基本生活保障都有问题。幸运的是，他发现他的好朋友兼邻居吉姆还没有买保险。

“我妻子说，我年轻力壮，不需要买保险。”吉姆说。

“是的。”约翰赶紧回答说，“不过，谁也说不准，还是买份保险比较好。”

“要是真的出问题了，一份保险有什么用呢？”吉姆又说。

“您说得对。那么，如果一份保险真能在关键时刻帮你解决问题，你会买吗？”约翰开始问吉姆。

“那我也不会买。跟你说实话吧，其实，我也很想买你的

保险，可是没办法，我妻子的弟弟也在卖保险。我妻子正准备买他弟弟的保险，我只能这么做。”

情景中，吉姆正是有自己的难言之隐，幸好聪明的约翰用先赞同后发问的方式问出了吉姆拒绝的真实原因。否则，即使约翰使出浑身解数，也是不可能说服吉姆的，因为他说的一切都和吉姆的真正意图毫不相干。

辨别客户异议的最好办法就是，当你提供真正有益于他们的建议时，他们仍然不为所动，那么，客户往往是没有告诉你真正的异议。

还有一些客户，因为一些原因，不愿意说出自己真实的异议，总是找一些其他的理由推辞。对于这样的客户，你不妨先赞同他，然后再反问，以便揭示出客户内心的真实意图。那么，一般情况下，客户的真实意图有哪些呢？

1.没有购买意愿

如果客户有购买需求却没有购买意愿，那么就是销售员的劝说工作没有做到位。这类客户一般会以价格过高为托词，实际上，他对销售员口中介绍的产品没有任何兴趣。此时，销售员一定要转化推销策略，重点在激发客户的购买兴趣，而非一味地介绍产品，当客户产生这种购买欲望的时候，客户的异议也就消除了。

2.产品无法满足客户的需要

产品不能充分满足客户的需求，或客户感觉产品并不好的时候，他们也会找各种借口推辞交易。这种情况说明销售员的准备工作没做好。这时候，我们可以直接让客户提出要求，然后再斟酌地加以满足。

3.预算不足

这种情况也就是说，客户的支付能力有限或是预算不足。无论什么生意，只要在客户的支付能力和预算之外，客户无法承受的话，是做不成的。一般情况下，客户会提出降价的要求，但如果销售人员坚持自己的价格而不肯让步的话，交易永远也不能达成。对此，我们也没有必要死咬着价格不降价，这样反而浪费双方的时间。只要是在能力范围内，建议销售员退而求其次，尽量满足对方的要求，争取同对方长期合作。

当然，还有种情况可能是被我们忽视的，那就是客户并不是预算不足，而是为了让销售员降价而死磨硬泡，拼命地耗时间。对此，销售员一定要速战速决，不能让自己陷入被动境地，关键时刻不妨欲擒故纵，让客户主动缴械投降。

4.其他异议

客户抱有其他隐藏异议，比如，客户惦记着更便宜的产品，或是客户不想过早签约等，他们都会提出价格异议。我们经常能遇到那种总认为后面有更好、更便宜的产品的客户，无论我们怎么打动他，他仍然迟迟不作决定。

那么，当了解了客户的真实意图之后，销售员该怎么处理这些异议呢？

一旦遇到谈判僵持不下、无论怎样也谈不妥的情况，我们就要立即处理。销售员可以遵循“先分析、再缓和、最后解决”的步骤来处理这一问题。

（1）分析背后的真实异议。面对僵持不下的谈判，销售员首先应该缓和紧张的气氛，之后通过观察和思考，或是主动询问客户的意见或要求，从客户的真实需求中找到背后的原因，确定客户的真实异议是什么。

（2）化解真实异议。理清客户的真正异议之后，销售员要婉转地化解异议。如果是客户本身的问题，我们要针对客户的要求来化解，或是给予一定的让步。如果是销售员自身的问题，那么最好是换一个销售员再进行谈判，这样有助于挽回产品在客户心中的形象。

化解异议的时候，销售员一定要注意自己的状态，要对产品表现出足够的自信，这样才能感染客户，得到认同。

（3）完成交易。世界上没有卖不出去的产品，只有卖不出去产品的销售员。所以，我们要不断学习，提高自己的专业知识和销售技巧，完美地化解异议，说服客户购买。

客户在面对销售人员的推销时，总会提出这样那样的质疑，客户之所以有这样的异议，是因为他们希望找到购买这件产品的理由，这也表明客户对产品产生了兴趣。其实，当客户真正对产品产生兴趣，而又拿不定主意是买还是不买时，他们就会提出相应的异议，而这些异议正是他们将要购买的一种

信号。此时，如果销售人员处理得当的话，就有可能成交。因此，销售人员要有足够的耐心与勇气，要学会先肯定客户，缓解谈判气氛，然后再问出客户的真实意图，了解了客户的“难言之隐”后，异议的处理也就轻松得多。

无论如何，别直接否定你的客户

销售过程中，客户难免会在购买前存在一些顾虑，甚至对产品存在某些误会。但无论客户说出什么样的话，销售员绝不能直接反驳，否则会让客户觉得很没面子，甚至大动肝火。如果客户所说的话是无关紧要的，那么销售员可以不予置之，一笑了之，继续谈话；如果客户对于你的产品或服务有误解，那么你就应该采取先肯定后否定的谈话方式委婉侧击，如，“您说的没错，但是……”也就是先同意对方的观点，然后再以一种合作的态度来阐明自己的观点。

某保健用品公司的销售员正在与客户沟通保健仪器的事。

销售员：“先生，您好，我是××保健仪器公司的销售员。您看，这是我们公司新研制的保健仪器，目前刚刚投入市场，非常受欢迎。它对腰椎、颈椎和肩膀都有很好的保健功效，特别适合有颈椎病的患者使用……”

客户：“请你等一下，你是哪个公司的？”

销售员：“我是××保健仪器公司的。原来您知道我们的牌子，那就更好了。您以前一定接触过吧？”

客户：“听说过，没接触过。你们的产品谁敢接触啊！”

销售员：“您这话是什么意思？”

客户：“听说你们的产品质量经常出现问题，还出过一些事故呢！而且，听你的介绍，价格也不便宜，我可不买这样的产品。”

销售员：“谁说的，我们的产品从来没有过质量问题，我们的产品还出口呢，怎么可能有问题，真是的！”

客户：“谁不说自己的‘瓜’甜，质量再差的产品在你们嘴里也能成为优质产品。你们的产品我不需要。”

销售员：“怎么会，您不能随便相信外面的传言啊！我们公司的产品是有质量保证的，您看这是产品质量鉴定书还有获奖的宣传册……”

客户：“不用看了，用不着你来教育我，自己的产品有问题就不要到别人身上找原因。你还是走吧。”

销售员：“你这个人怎么这样不讲道理，真是的！”

案例中，这位销售员犯的最大错误就在于直接反驳客户，与客户发生争执。假如他能以实事求是的态度倾听，用婉转迂回的方式沟通，销售局面恐怕会大相径庭。的确，对于客户的异议，若销售员直接予以否定，那么就如同用一把大刀将销售工作拦腰截断。一旦对客户直接反驳，销售工作就很难再开展下去，再多的努力也无济于事。

此时，我们一定要注意自己的态度。一方面要认同客户，承认其他家的产品便宜；另一方面也要为自己产品的高价格作出合理的解释，让客户看到你的专业素质和良好的态度，从而令其在“鱼”与“熊掌”之间作出明智的抉择。

事实上，在销售过程中，客户提出异议是很正常的，任何人在购买的时候都希望能质优价廉。客户的异议有时候是真实存在的，但也有的是源于客户对产品的不了解。特别是在后一种情况下，一些不够理智的销售员和销售新手可能会直接反驳客户，表面上看，这样直截了当地反驳客户是维护了产品的信誉，端正了客户的观点，但实际上，会流失掉客户。所以，销售员应该借鉴上面例子中的教训，拿出耐心和诚意，心平气和地与客户沟通，让销售变得顺利。

可见，使用先肯定后否定的迂回战术，既表达了销售员自己的观点，又不伤害与客户之间的关系，如此，销售工作自然能够继续开展下去，这也是优秀销售员在客户提出异议时经常使用的方法。比如：

客户：“现在的学生根本不认真读书，连学校的课本都不愿读，哪里会看课外读物？”

销售员：“是啊，现在的孩子是不怎么喜欢读书，正是考虑到这点，我们在策划图书的时候才设计了这本形式新颖、内容丰富的书，孩子们一见就会喜欢上它……”

对客户提出的反对意见先给予肯定，这种方式比较适用于那些并不十分坚持持有反对意见的客户，因为这些意见大多是客户拒绝的借口，或是产品上的一点小问题等等。

当然，有些时候，客户有异议是因为听信了某些不实的传言，或者是自身认识的问题。对于这样的客户，销售员要明白，事实胜于雄辩，最好的方法就是用事实来说话，用真实、准确、全面的知识和数据来说服客户，从而端正客户的错误观点。

总之，“客户永远是上帝”，这是每个销售人员应该遵循的信条。的确，可能客户的异议让我们感到为难甚至不悦，但无论如何，我们都不要直截了当地否定，更不能与客户发生争执，而要拿出销售员应有的热情和诚恳，耐心地与客户沟通，尽量在言语间表达自己的良好态度，同时，语言要组织得完整、易于被人接受。

第三者干预法，让客户打定主意购买

在销售的过程中，无论最终是否购买，客户似乎总是有这样那样的异议，甚至有时候，在洽谈伊始，销售人员就要遭受一盆冷水。其实，这是因为客户对我们心存戒备，对我们不信任，认为销售员是为销售而销售。此时，如果有第三者出现并

支持我们的产品，为我们说话，那么客户对我们的的信任度就会大大提高。所以，我们不妨利用“第三者干预”的方法来扭转客户拒绝的局面。

小伟是一家燃气公司的推销员。一天，他来到某小区，准备向准客户詹先生推销自己的产品。简单地介绍后，詹先生的回答很让人失望。

“我没用过你们公司的产品，不敢相信你们，万一有个好歹，后悔都来不及。”

“詹先生，您多虑了，如果我们公司的产品真的出过事故，那么，我还会站在这里与您交谈吗？而且，产品的质量是我们推销最有力的武器。”

“这倒也是，不过口说无凭。”

“詹先生，您看，这是上半年我们公司的销售情况表……”说着，小伟便把一本销售目录拿了出来。

詹先生一看，他所在小区居然有一大半以上的用户都是用小伟推销的燃气。为了确定小伟的推销目录的真实性，詹先生还拨通了这些邻居的电话，证明了小伟所说属实。后来，詹先生二话不说，购买了小伟的燃气。

在这则案例中，我们发现，小伟之所以能打消詹先生对产品质量的疑虑，说服詹先生购买自己的燃气，就是因为他出示了最有力的证据——销售目录表，其他客户的购买就是产品质量的最好证明。从这则案例中，我们可以发现巧借第三者干预

在消除客户拒绝方面的重要作用。

研究表明，客户虽然有千万个借口来对销售人员的推荐作出拒绝的反应，但根源往往归结为习惯性使然。客户对产品存在异议并不是因为客户真的对产品不满意，而是因为他们与生俱来的对新事物的防备。此时，只要我们主动采取点措施，如利用第三者，就可以让客户产生一种购买产品的急切欲望，从而改变客户的态度，让客户信任我们。

具体来说，我们可以这样做：

1.让第三者帮你说话

如果有第三者为我们说话，客户的这些疑虑很容易就能打消，因为在客户看来，第三者的利益和很多客户的利益是一致的。

在销售的过程中，当客户对产品提出异议后，我们可以临场发挥，让销售现场的客户帮我们说话。比如，你可以这样询问其他客户："请问您对我们的产品还满意吗？"

当然，在选择其他客户的时候，要尽量选择那些情绪佳、满载而归的客户，这样才会得到我们想要的答案。

2.向客户表明产品的畅销度

比如，当客户对产品和销售员的话心存质疑时，你可以拿出产品的销售业绩表，对客户说："这是我们上个月的销售一览表，我们的产品效果是获得很多客户认可的。"

3.向客户展示产品的权威性

我们除了表明产品的畅销度，还可以向客户展示产品的权威性。比如，我们可以举出有影响力的实例："我们的产品你大可放心地去使用，××公司对产品质量的要求一向非常严格，我们公司就是他们的供货商。××公司是经过很长一段时间的考察，最终选择了与我们公司进行合作的。现在，我们已经与这家公司合作了整整5年了，从来没有出现过任何的差错。虽然今天是第一次与贵公司合作，不过我相信我们一定能保持长期的合作。"

对于那些追求个性的客户，我们不要试图用其他客户影响他们，他们往往对销售人员所举的例子不屑一顾，即使是再大的客户，再有影响力、再权威，他们也不会认同。

当然，在使用"第三者干预法"时也要注意讲究职业道德，不能靠拉帮结伙欺骗客户，否则会适得其反。

化解拒绝，说什么能让客户重新燃起购买欲望

现实销售中，有经验的销售人员都会发现，在被推销的过程中，如果客户不愿购买，总是能找出这样那样的理由，如“考虑看看”“和家人商量”“只认名牌”等。诚然，这也许是顾客拒绝的真实原因，但大多数情况下，这只不过是顾客为了顾及销售人员的面子而找的借口。聪明的销售员切不可被客户的理由所蒙蔽，而应该有所准备，积极应对，努力化解顾客的拒绝，进而留住顾客的脚步！

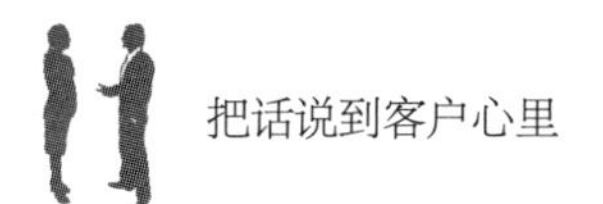

制造点麻烦，让原本犹豫的客户拿定主意

销售过程中，很多时候，无论销售员怎么热情地介绍产品，似乎客户都觉得产品可有可无，通常他们会告诉销售人员“再考虑一下”，而实际上，这只不过是他们习惯性拒绝的借口。这种情况下，销售工作该怎样进行下去呢？客户没有很强烈的购买欲望，是因为没有急需产品的紧迫感。当销售常规方法不起作用的时候，你可以运用另一种方法来争取客户。我们不妨主动出击，为顾客制造点难题，从而让顾客自己感知到产品的必需性。

为顾客制造些难题，让顾客感到产品的必需性，是销售过程中常用的方法。对于那些对产品没有急切的需求、强调要再考虑一下的客户，我们也要积极争取、主动出击，用最有效的方式走近客户，引起顾客注意，利用“问题制造法”一举拿下，从而保证销售工作顺利完成。

1.本着为客户考虑的本意

现实销售中，很多销售员表现出来的是为了销售而销售，这无疑会加重客户疑虑，导致其不愿购买。客户只有在认为现在作出成交决定可以获得最大利益的前提下才会真正决定成

交，所以，销售人员要多站在客户的立场上考虑问题，要让客户明白你是在诚心诚意地替他们着想。

2.不可威胁客户

销售员在让客户产生购买产品的紧迫感的同时，一定要注意自己的说话方式和态度，不可让客户觉得自己受到威胁。而事实上，一些销售员常常事与愿违，原本是希望激发客户对产品的购买欲望，却造成完全相反的结果，赶走了客户。

另外，我们在给顾客制造难题的时候，最好先把握住顾客关注的焦点。从焦点入手，让他们了解拒绝可能会导致关注点的损失，从而一举击破。

客户称需要与家人商量时，如何说服其自己拿主意

不少销售人员遇到过这样的难题：我们满怀热情地为客户介绍产品，客户对我们的产品也很满意，我们信心满满地以为客户会购买，而到关键时刻，客户却说："我得回去问问家人，我做不了这个主。"这句话犹如一盆冷水，浇灭了销售人员的热情。一些销售员以为客户这样说就等于拒绝购买，于是他们放弃销售。而也有一些销售员，太过急功近利，听到客户这样说，为了挽回客户，他们回应："这样的事情还要问家里人啊，自己决定就行了！""不用商量了，这么超值的产品哪

里还有啊？”而这两种回应方式，无疑都会赶走顾客。

其实，客户称自己要询问家人，一般情况下有两种可能：第一种正如他所说，需要和家里人商量；第二种可能是，这只是一个借口，客户不好直接拒绝销售人员。通常来说，在是否购买上如此犹豫不定的客户，其性格优柔寡断，没有主见，极易受外界环境的影响。所以，销售员一定不要轻易让这类顾客走掉，而应抓住其性格特点，尽量说服其购买。

一天，一位女士来到商场某知名品牌手表的专柜，准备为丈夫购买一款手表，因为第二天就是他们的结婚纪念日了。女士看上了一款男士机械表，但最后，她说：“我怕我爱人不喜欢，我还是回去和他商量一下吧！”

销售员：“是的，您有这种想法我可以理解，毕竟一枚名表价格不菲，想与丈夫商量一下也是正常的。但您知道吗？其实，对于丈夫来说，如果自己的妻子能记住结婚纪念日，并在当日给他一个惊喜，那么他一定会更高兴。如果您与丈夫商量的话，这种神秘感就消失了。另外，今天刚好是我们十年店庆，会有返利活动，满一千就直降一百。这个活动仅限今天一天。而且，您也看到了，我们这里的表都只有一款，销量很好。这样好吗，我现在暂时给您保留起来，不过我真的不能保证这款表下午还在。所以，我真的希望您不要错过……”

顾客：“我看我还是先买了吧，万一下午过来的时候，其他顾客已经买走了，那不就可惜了……”

案例中，这名销售员之所以能说服顾客购买，是因为他既保持了良好的态度，又对顾客适当施压——如果顾客现在不购买，执意要回去与丈夫商量的话，不仅会失去给丈夫惊喜的机会，还可能会导致她中意的手表被其他客户买走，而且会错过店庆返利的优惠。综合考虑之下，顾客自然会暂时放下与丈夫商量的想法，从而选择购买。

那么，具体来说，面对这种情况时导购员该如何处理呢？

1.认同顾客顾虑的合理性

如果我们能和案例中的销售员一样，认同顾客的顾虑，表达同理心，让顾客觉得你是在为他考虑，就能争取到顾客的心理支持，继而拉近和顾客间的距离。因此，即使顾客认为需要和家人商量，你也可以暂时把顾客留住，从而为接下来的说服工作奠定基础。

2.帮顾客认识到不与家人商量的好处

案例中的销售员很聪明，当顾客认为需要和丈夫商量时，他从“惊喜”这个角度劝说，让客户认识到，与其与丈夫商量，还不如给丈夫一个惊喜。

为了帮助客户认识到不与家人商量的好处，我们可以挖掘产品背后的意义。你可以恭维一下顾客，比如，你可以说：“其实，这不仅是一件产品，更是一种心意，一种爱。不管它怎样，只要是你买的，你老公都会喜欢的。再说啦，如果他真有什么不满的地方，只要不影响再次销售，我们特别允许您在

三天内都可以拿回来调换，您看这样成吗？”

3.对顾客施以适当的压力，帮顾客作决定

当顾客迟迟无法下定决心购买时，销售员千万不要认为等待可以得到结果，因为顾客也许会就此放弃购买。很多时候，顾客下决定都需要销售员的参与，这就需要销售员主动出击，对顾客适当施加压力，甚至帮助客户作决定，这一招通常很奏效。比如，“我这里的这种产品只剩下最后一批了，而下次什么时候才能拿到这种货就说不定了”，或者，“这种产品现在特别缺货，我们公司已经不生产了”等等。如果顾客确实满意产品，一般来说，他们会立即作出购买决定。

另外，我们还可以掌握一些快速成交的方法：

（1）适当赞美顾客，鼓励顾客尽快成交。如：“您的眼光真好，您老公一定会喜欢的。”

（2）从众成交法，即用人们的从众心理来刺激顾客购买。如：“现在的小女孩都喜欢这样的款式，我相信您的女儿一定会喜欢的。”

当然，运用这一方法时我们不可急功近利，要给顾客考虑的空间，适当的时候，也要退后一步，否则很容易令客户反感。

客户“三心二意”，如何让客户不再看其他家产品

俗话说：“货比三家不吃亏。”任何一个客户都知道这个道理，因此，他们在挑选产品的时候，总是希望有更多的余地。而正是这一心理的存在，给我们销售人员带来很多困扰——无论怎么向顾客介绍产品，客户总是一副可买不可买的态度，然后对销售员说：“我想再去别家看看。”客户之所以会有这样的态度，无非有两个可能，一是因为你推荐的产品品种实在无法满足他的挑选要求；二是因为客户怀有“货比三家不吃亏”的心理。对此，导购员想要留住顾客，就需要掌握一定的沟通方法，以独特的卖点吸引顾客。

林小姐是个时尚达人，最喜欢做的事就是购物。这天，林小姐下班后来到一家鞋店，在店内逛了一圈后，她摇了摇头，说：“哎，我还是去别家看看吧。”

站在她身旁的销售员立即说：“小姐，您先留步，请问小姐您是否觉得我们店的鞋子种类太少，您选择的余地不大？”

林小姐：“是啊，就这几款，顾客怎么选？”

销售员：“的确，您说的很有道理，开鞋店首先就要吸引客户的眼球，不过我们老板非常喜欢那些不落伍又不落俗套的经典款式。”

林小姐：“你这么一说，我还真发现，你们店的东西不一样。”

销售员："是啊，产品贵在精而不在多嘛！我看您也是很注重品位的人。鞋子和时装不同，服饰容易过时，但鞋子只要搭配得好，总是能穿出时髦的感觉。"

林小姐："你这看法，我很同意。你看，我脚上这双短靴，别人都以为是新买的，实际上，两年前我就买了，只是我喜欢以不同的方式搭配，因此穿出来总是有不一样的感觉。"

销售员："是啊，您再注意看一下我们店的鞋子，最大的优点就是容易搭配，而不是追求新奇！"

林小姐："是的，那你觉得我适合什么样的鞋子呢？"

挑选了一会儿以后，销售员拿起一双低跟系带皮鞋说："我看这双就不错，小姐身材很高挑，鞋跟的高度不用太高，而且这双鞋正是走的复古文艺路线，更能体现出您的文艺美。"

林小姐："是吗？我相信你的眼光，我去试试看。"

最后，林小姐兴高采烈地买了这双鞋子。

这则销售案例中，在顾客称自己要去"别家看看"时，销售员并没有放弃推销，而是主动承认了客户的想法——产品种类太少。接下来，她也并没有以"新货过两天就到了""怎么会，已经卖得差不多了"等借口推托，而是向顾客表明，虽然种类少，但款式经典、有特色，进而让顾客有这样的感叹："你这么一说，我还真发现，你们店的东西不一样。"接下来，她又对客户的品位进行了一番夸赞，更是让顾客对自己产生了信任感，最终促成了购买。

那么，针对这种情况，具体来说，我们该怎么应对呢？

1.先稳住顾客

当顾客说“我想再去别家看看”时，我们要明白，这只不过是客户的一种托词而已，你不要认为客户还会再回来，此时你要做的就是先稳住顾客，不要让客源流失。

而要想留住顾客，就要和案例中的销售员一样，用产品其他方面的卖点吸引住客户，进而转移话题。比如，你可以告诉客户：“我们店里的产品在进货时都是经过精心挑选的，虽然种类不多，但都是款式经典又畅销的产品。”但是需要注意，导购员所说的话一定要与事实相符，如果店里的产品并非如此，导购员却硬是这样说，那么丢掉的可能就不仅是顾客，还有店铺的信誉。

2.服务至上，让客户满意

现代社会，随着竞争的日益激烈，产品在质量与功能方面大同小异，人们在购买时逐步带有情感因素，更关注的是销售方的服务态度，谁的服务好，顾客就购买谁的产品。可见，销售员做好服务也是赢取顾客非常关键的一环。如果照顾得不周到，很有可能让顾客感觉受到冷落，从而影响到成交量。

3.用特色跑赢对手

在追求时尚与个性的今天，人们也越来越注重产品的个性化。我们在购物的时候，也会不经意地发现那些面积小但很有特色的店面。例如，专门经营民族服饰的店铺、专门经营水晶

饰品的店铺等，虽然看起来不大，却往往内有乾坤。如果这些店铺的导购不善言辞，顾客往往会觉得产品种类不足，故而去别家看看。

所以，当客户说想去别家看看时，你如果想留住顾客，就要让顾客感受到你的产品的特别或者具有某种特殊的含义，进而让顾客改变原有观点，并以特色勾起顾客的兴趣和购买欲望，达到销售目的。

促销活动中，如何让客户认为“便宜也有好货”

虽然现代社会的竞争日益激烈，但很多商家总是能找出促进产品销售的方法，其中最为常见的一种手段就是促销。在一些卖场和门店中，促销活动天天都在进行。面对这些促销产品，很多顾客会怀疑其质量，他们认为“便宜没好货”，然后以“这个是处理的啊，肯定质量不好，我不要了”为由拒绝购买。这种情况下，任凭销售人员怎么解释，都不能消除顾客的异议，以致产品销售无法顺利进行。对此类顾客，我们不免会泄气。但实际上，只要我们能掌握一定的劝服技巧，让顾客认识到眼前促销产品的价值所在，就能打开销售局面，甚至令其最终决定购买。

某超市厨具专柜在做促销，一位提着菜篮子的老太太在一款菜刀面前看了半天，促销员赶紧迎上去。

销售员："阿姨，这把菜刀原价要599元呢，现在只要299元，很划算的，请问您还有什么担心的呢？"

顾客："我觉得打折的东西肯定是存在一定的问题的，会不会回去用了就生锈了或者钝了呢？平时我在超市看见一些促销食品，回去打开后也不是很新鲜了……"

促销员："原来您是担心这个呀，这个请您放心，相信您从前也听过这个品牌的厨具，质量是绝对过硬的。我们之所以会打折，是因为每年会在产品的外形上做出一些新的设计，那么，头一年的款式就必须打折了，不然哪卖得出去呀！您说对吧？"

顾客："原来是这样啊。"

促销员："是的。而且，厨具和食品不同的，我们会担心食品过期而不敢买促销的，毕竟吃进肚子里的东西，还是安全第一。但像这样的厨具就不一样了，它的卖点在产品功效，不是看它新不新鲜。"

顾客："那好吧，我就买一套。"

面对促销产品，人们难免有担心产品质量有问题的心理。如果导购员以"您放心，质量肯定没问题的""都是同一批货，不会有问题""先生您多想了，就是节日期间优惠"这类的话应对，势必会显得空洞无力，没有任何说服力。

那么，具体来说，我们遇到这种情况时，有哪些应对策

略呢？

1.认同顾客

首先我们要学会认同顾客的顾虑。认同是个好技巧，遇到不好处理的问题，在解释前使用认同技巧往往会使导购的说服力大增。然后再针对顾虑以真诚负责任的口吻告诉顾客事实，并且强调现在购买的利益，以推动顾客立即作出决定。

比如，导购员可以告诉顾客："您有这种想法可能理解，毕竟您说的这种情况在我们行业确实存在。不过我可以负责地告诉您，虽然我们这款产品是特价，但它们都是同一品牌，质量完全一样，并且现在价格上比以前又要优惠得多，所以现在买真的非常划算！"

2.对顾客说出低价促销或处理的原因

对于产品的大幅降价，一些顾客总是报以怀疑态度。此时，产品降价的原因就成了他们最关心的问题，如果导购员不能给他们一个满意中肯的回答，他们是不会购买的。当然，我们都知道，产品降价一般是由于有新产品上市、产品更新换代或者是店庆活动等，但是顾客并不一定清楚，所以导购员要尽快向顾客解释清楚产品降价的原因，消除顾客内心的疑惑。

3.主动出击，询问顾客担心的原因

在顾客选购产品时，导购员一定要细心观察，如果顾客表现出不信任的态度和神情，导购员应该主动询问顾客，弄清楚他们担心的问题并给予详细解答，消除他们的疑虑。

4.事实胜于雄辩，用“硬件”证明产品质量

并不是所有顾客都愿意相信导购员的解释，面对此类顾客，如果我们已经力不从心，无法通过语言来解决问题，我们不妨转化一种方法，用事实证明。这些证明一般就是产品的合格证书、获奖证书、质量认证、顾客反馈意见表等。俗话说“事实胜于雄辩”，导购员拿出事实证明产品质量的可靠性，比滔滔不绝说上一大段话更有效果。

总之，没有不能引导的顾客，只有不会引导购买的导购。作为导购员，面对顾客对促销产品的疑问，我们一定要做好解释、引导工作，让顾客放心购买！

第07章

逐步引导，绝不让客户将“不”说出口

在现实的推销工作中，那些销售精英似乎具有某种魔法，三言两语就能让客户痛快地决定购买，原因就在于他们懂得运用心理技巧引导客户。事实上，销售的过程就是劝服购买的过程，只要我们能让客户认同我们，就能给客户一个实实在在的购买理由，如此一来，客户想不购买都难。否则，即使你费劲口舌，也无法俘获客户的心，那么你所做的任何工作都是多余的。

销售中的精妙语言，让你始终把控局势

销售员都知道，任何销售活动的最终目的都是成交，成交也是整个推销过程中最关键的部分。也就是说，要是生意未能成交，你就没有达到自己的主要目的。乔·吉拉德认为，订约签字的那一刹那是人生中最有魅力的时刻。他说：“缔结的过程应该是比较轻松的、顺畅的，甚至有时候应该充满一点幽默感。每当我们将产品说明的过程进行到缔结步骤的时候，不论是推销员还是客户，彼此都会开始觉得紧张，抗拒也开始增强了。而我们的工作就是要结束这种尴尬局面，让整个过程能够在非常自然的情况下发生。”

因此，无论你是销售新手还是一名经验丰富的前辈，都不可以掉以轻心，千万不能傻乎乎地以为自己的工作就是走走推销过场，而不考虑结果。从乔的这番话中，我们还发现，缔结成交的过程是紧张、尴尬的，我们要想达成销售目的，就必须学会把销售的主动权掌握在自己手里。

1975年，著名推销高手、畅销书作家罗伯特·舒克通过电话与“肯德基家乡鸡”的创始人——哈南·桑德斯上校约定了一个会面时间，准备访问他，以收集撰写《完全承诺》一书的资料。当时，桑德斯已经85岁高龄了，他答应去路易维尔机场

接舒克，然后两人一起到家畅谈。

飞机准时到达路易维尔机场，舒克走向机场正门，一眼就认出了大名鼎鼎的桑德斯上校，因为他早已在肯德基餐厅门口见过桑德斯的塑像。他热情地向上校打招呼并伸出了手，而上校却悲叹着说：“今天没办法接受你的访问了，我在冰上跌倒，脑袋撞个正着。”

“桑德斯先生，我真的很高兴看到你。”舒克完全无视桑德斯要取消访问的话，“我实在很抱歉，听到你受伤了。”

“今天早上，我在冰上滑倒，头上一大片淤青。”上校继续说，“但我没办法通知你要取消这次访问，我也不想留你在机场干等，所以我在前去看医生的途中先到这里见你。”

“没有关系，上校。”舒克仍然忽略对方要取消访问的事实。他可没有忘记自己大老远跑过来的目的是什么，因此他要赶紧想办法达到自己的目的。

“哎哟，好大的一块淤青！”舒克看到上校的后脑勺上一块明显的肿块。“我们走吧，让医生替你包扎好，我们就到你的地方去。”

他完全不给上校任何说话的机会，马上转向上校的司机：“车子停在哪里？”

“就在那里。”

“我们走吧，”舒克边说边向车走去，“我们必须先送上校去看医生。”

上校和司机主动地跟在舒克身后，一行三人开车往诊所的方向驶去。在医生为上校的头部稍作处理后，舒克和上校就开始了他们的访问工作。结果，他们都度过了愉快的一天。

原本由桑德斯先生掌控的整个谈话大局一下子转变为由罗伯特·舒克掌控，由此，舒克达成了谈话的目的。的确，在销售和推销过程中，意外事件简直是防不胜防。但是千万不要泄气，不要灰心，牢记你的推销目的，一定要带动整个谈话的方向，一切言行从对方利益出发，提出方案后立即行动，主动积极地去扭转、控制整个谈话局面。

那么，销售人员在销售的过程中，该怎样套出客户的内心想法并予以解决，从而把握整个谈话方向呢？这里，我们不妨学习一下推销大师的实战秘诀：

（1）始终记住一点，你的最终目的是成交，所有的准备工作、销售技巧都是为了达到这一目的。

（2）用你的自信、热情感染你的客户，大胆地告诉客户，你的产品正是他们所需要的。

（3）一味地劝服客户购买不如巧妙引导。

（4）一旦发现成交时机，就要把握好，不可错失，不过还要注意自己的说话方式、态度和语气，不要在关键时刻功亏一篑。

（5）善于察言观色、懂得倾听，把握客户的心灵更容易成交。

（6）要敢于开口，提出成交建议。

（7）提出成交的建议时，可以采取假设成交的方法。

（8）建议客户成交，还是要让客户自己做主，不要给别人强卖的感觉。

（9）成交时，请客户签名，要注意自己的表达，尽量不要说“请在这里签字”的话。

总之，你应该永远牢记：没有卖出货之前，你干得再多也不值一提；不到成交那一刻，就等于什么也没有做。成交是销售中最重要的一部分。推销不是简单的产品介绍，绝对不能不在乎有没有成交。你可以不断展示你的产品，但如果不能成交，那么你所有的努力就都白费了。“在没把东西卖出去前，一切都等于零。而在没有成交之前，你什么也没卖出。”

欲擒故纵，激起客户强烈的好奇心

在推销过程中，很多销售员为了把握销售的主动权，在与客户初次沟通的过程中，只是一味地紧逼，于是给客户带来了很大的压力。而一个人承受压力的程度是有限的，过多的压力会让客户心生反感，进而放弃和销售员沟通。相反，如果使用欲擒故纵的方法，先让客户暂时获利或对他们淡漠，解除他们的反感和警惕之心，反而更容易推销出产品，成功占领市场，达到“擒”住客户的目的。

所谓欲擒故纵法，就是在交易开始时，为了让客户有进一步交易的兴趣，故意放慢速度或先冷淡对方，然后再激起对方的兴趣，从而慢慢促成销售的方法。在词性上，“擒”和“纵”是一对矛盾，但用辩证的眼光看待时，它们在一定条件下是可以互相转化与调和的。

老杨的车开了5年，想换一辆新车，就准备把旧车卖了。有一个车行老板来看车，一句好话都没有说，把他的车子评价得一文不值。老杨因此闹得一肚子火，还没有等他开价，就下了逐客令：“你走吧，这车我不卖给你了。”

第二位车商来看时，第一句话就是：“这车怎么保养得这么好!”

老杨说：“我很少开，自己又不抽烟，所以很干净。”

车商：“难怪，这车5年了，跟新的一样，你一定很讲究。”

这话说到老杨心里去了，两个人就在那里聊起来，最后车以18万元成交，离老杨原想的20万元的目标还差了2万元。

在销售行业，有句老话为“要破坏对方产品的价值，才能方便砍价”。第一位车商就是运用这种方法，但是他的话语严重伤害了客户的自尊心，把客户惹火了，客户宁愿失去成交的机会也不愿继续谈判。很明显，这种做法不是明智之举。而第二位车商，反其道而行，多夸赞对方，把对方夸得心花怒放，最终取得了他的信任，得到了让价和最后的成功。

那么，在日常销售中我们该如何妙用欲擒故纵法呢?

1.劝导客户体验产品

这种方法的好处是，客户会自己去体验，而体验往往比语言更有效果。并且，因为是免费，客户一般都会踊跃参加。因此，在与客户面谈的时候，可以带上产品。他们在试用这些产品的过程中，如果喜欢上了产品的功能和特性，试用结束后往往就会掏钱购买，这样我们更将准客户变成了客户。试用产品这一方法，很容易提高产品的知名度和市场占有率，一个忠诚的客户所带来的商机也是不可估量的。

2.限量销售

在给客户体验产品后，可以略施小计，让客户对产品感兴趣并在短时间内作出决定，如限量销售。限量销售主要指通过控制销售的产品量或产品总量来诱惑消费者，从而提高产品知名度和受欢迎程度的一种方法。 很多客户一听到是限量销售，往往会在面谈的开始阶段就下决心购买。

在美国的唐人街，华人众多，国内的腊肉自然是很畅销。这里新开了一家腊味商店，出售全手工制作的各种腊味，货真价实，风味独特，很受顾客的欢迎。但这家店有一个规矩，就是每天限量生产，卖完之后就不再销售了。哪怕顾客强烈要求多做一些，也不做了。

当有顾客问老板为什么时，老板回答：“店里人手不够，若是多做就保证不了质量了。请您见谅。”

人都是这样，得不到的都是最好的，越是得不到才越显得弥足珍贵。腊味店的老板其实并不是限量保质，只不过是利用了客户的这一心理，妙用了“欲擒故纵”法。

3.赠品和打折

这种方法是利用客户都有贪小便宜的心理，也属于“欲擒故纵”法。虽然赠品大多只是一些便宜的微不足道的物品，但正因为这些物品的吸引让客户有欲望去了解产品，才会为我们的销售活动打开局面，才有可能促成交易。

在日本奈良，有一家超市的打折方式很独特。它首先制订打折的期限，第一天打9折，第二天打8折，第三天打7折……依此类推。 顾客如果想在打折期间购买自己喜欢的产品，就可以在喜欢的日子过去。如果你想以最低的价格买，就可以选择打1折的时候。但是，你要买的东西并不能保证会留到最后一天。

这种促销的方法就是抓住了客户害怕失去的心理。起初，大家会观望，不会在第一天或者第二天就急着买东西。但在第三天，就是打7折的时候，不少人害怕自己想买的东西被卖光，就忍不住了。在第四天就会出现抢购的热潮。

4.学会“低价留尾”和“高价留尾”

在销售活动开始时，客户难免会问到价格问题，这也是一个敏感话题。如果销售员处理不好，很难将销售活动进行下去，甚至有失败的可能。在价格上，销售员也要学会欲擒故纵。我们可以采用“低价留尾”和“高价留尾”方式。“低价留尾”就是报个低价，但规定一个比较大的起订量，甚至大大

高于你所估计的客户可能订购量也没有关系，关键是用低价引起客户兴趣，并为将来的涨价提供依据，“订量不够当然要贵一点点嘛”。“高价留尾”就是报高价后，故意规定一个小的订货量（估计客户不难达到的量），并许诺如果超过此量，价格会有折扣。此外，还可以如前文所说，表示根据付款方式等的不同，可给予不同优惠等。

利益引导，让客户真切感受到获得产品后的愉悦

人们购买产品时，在产品价值不变的情况下，都希望价格越低越好，或者得到的额外利益越多越好，这就是爱占便宜的心理。如果我们能抓住客户的这一共有心理，那么即使客户拒绝购买产品，我们也可以通过多制造一些诱惑条件，来化解客户的拒绝。

小东是个勤奋诚恳的孩子，还在上大学的他每年寒暑假都去打工。这不，一放寒假他就在某超市当起了促销员。

这天下午，来了一位四十多岁的中年男人想要买小白兔的奶糖，问了问价格，觉得有点贵，于是对旁边的售货员小东说：“能不能便宜一些啊，我要得不少呢！”

小东为难地说道：“我们超市都是有定价的，总部定的价格就是死价格，我也想给你便宜，但是便宜之后，我们就要把差价补起来。您看这样行不？如果你能买二十斤以上的话，我

们就会给你赠送一个可爱的新年兔。”

中年男人听了，说：“你们也不容易，我买东西不能让你们付钱啊！来吧，帮我秤上二十斤吧。”

这则案例中，促销员小东面对客户要求降价的情况，向客户传达了自己的难处，表明商品价格自己并不能做主，并且提出在客户购买一定数量的情况下可以赠送小礼物。这样，客户自然能理解销售员的苦衷，不再挑剔价格，一下子买了二十斤的货物。顾客能够理解销售员，才会有和销售员双赢的心理，至少让双方都不吃亏。所以，销售员在销售中能让客户理解自己，是赢得客户的关键。

的确，很少人会拒绝免费的东西。我们经常会遇到这样的场景：一件外套卖80元，一条裤子卖80元，客户觉得贵了。但我们告诉客户，如果他要一件外套和一条裤子，就可以以150块钱买走。客户就会想，如果单件买就会多花10块钱，如果组合买就能节省10块钱。这白白节省的10块钱对于爱占便宜的客户来说具有很大的诱惑力；而对于商家来说，并没有吃亏。为什么客户愿意以几乎多一倍的价钱买走两件商品？这是客户爱占便宜的心理在起作用，捆绑销售的策略给了他们一种心理错觉。所以，如果我们在销售中能掌握客户这一心理，与客户交谈，想方设法地让顾客有一种占了便宜的感觉，那么，成交的可能性将大大增加。

那么，如何才能让客户理解销售员，满足客户想占便宜的

心理，以达到双赢呢？总的说来，有以下几个方面的措施。

1.突出商品的优势

在销售中，很多客户会提出你的商品比别家贵。这种时候，我们可以将同类产品进行优势对比，突出自己在品质、性能、声誉、设计、服务等方面的优势，让客户知道贵有贵的理由。人们不是常说“不怕不识货，就怕货比货”吗，在对比中，客户一目了然，自然会选择物有所值的产品。

2.适当采取点措施满足客户的爱占便宜的心理

通常，客户想得到一点优惠，占点小便宜，更多的不是出于功利上的考虑，而是为了占到便宜后喜悦轻快的好心情。对付此种顾客通常可先给予小礼物，满足对方这种心理。客户有了占便宜的感觉，就容易接受你推销的产品。

（1）提供价格优惠。我们会发现一个奇怪的现象，真正销路好的产品，既不是那些价格昂贵的名牌，也不是那些价格低廉的产品，而是那些大搞优惠、特价的商品。其实，这就是商家利用了顾客爱占便宜的心理。因为促销、优惠的产品都有一个原价，顾客自然会拿原价和现价进行对比，这样，他自己也会得出一个结果：优惠并不是天天有，我很走运。即使那些客户根本没有需要，他们也会冲着产品价格上的优惠选择购买。并且，他们会在心里告诉自己：总有一天，我会用得着它的。

（2）发挥赠品的作用。在某科技产品卖场内，有一家小店的生意格外红火，不断吸引着前来购买电脑的顾客。顾客一看到杂乱的店面，准备扭头就走。可是，当他们看到货架上陈列的一些小家居用品之后，就停下了脚步。那些从这家小店购买电脑的顾客都满脸喜气，并拿着店主赠送的小礼物。实际上，这家店主并不会主动送东西给顾客，而是等着客户看中后提出要求时，店主才非常“慷慨”地满足客户的要求。在这种情况下，这些买电脑的客户反而觉得是自己占到了便宜。

总之，客户最关心的永远是利益问题，给足客户诱惑的条件，也能化解客户的拒绝，让客户产生即时购买的欲望。但销售人员要注意以下两点：

（1）注意自己的说话态度和表达方式，不要因为客户的预算不够而中伤客户，更不能伤害客户的自尊。

（2）要耐得住性子。很多客户在最终购买前会有很多问题，当我们为客户逐一解决这些问题后，生意也就做成了，千万不能心急。

产品体验，帮你快速敲定订单

人们常说：“耳听为虚，眼见为实。”相比销售员所说的，客户更愿意相信自己看到的，更愿相信产品带给自己的真实感受，这是客户在购买产品过程中的共同心理。也就是说，如果我们能积极创造出让客户参与产品演示的机会，让客户用

视觉、嗅觉、味觉、触觉等感觉亲身体验产品，那么，当客户对产品有了一些切身体会后，他们就更容易联想起拥有产品之后的感受，就能很快明了产品给他们带来的好处。所以，对于销售员来说，完全没有必要不舍得让客户使用自己的产品，客户只有亲眼看到效果，亲自感觉到产品的好处，才能乐意购买产品。

在一个小镇上，有两个报童售卖同样的报纸。因为处在同一个市场里，所以两个人的报纸销量会你多我少。为了能多赚些钱，两个报童都非常努力，每天他们都带着无比高涨的热情投入卖报工作当中。

报童鲍伯是一个很勤奋的孩子，每天他都以洪亮的嗓音沿街叫卖。虽然他常常大汗淋漓，但是买他报纸人并不多。这让鲍伯很是苦恼。

另一个报童丹尼也很努力，但是他更多地把这种努力放在了动脑上，除了每天沿街叫卖之外，丹尼还会到一些固定的场所，直接向人们分发报纸，等到天黑的时候再把报纸收回来。起初，丹尼的报纸有一些损耗，但是渐渐地，丹尼的报纸卖得越来越好了，买他报纸的人越来越多，还常常有人为了买他的报纸在那些固定场所按时等候；以至于报童鲍伯的报纸卖得越来越少，不得不另谋生路了。

报童丹尼的报纸之所以卖得越来越好，就是因为他懂得让客户参与的道理。在固定地点，他将报纸分发给路人，傍晚再收回来。可能在刚开始有一些损失，但是通过这种方法，他与客户之间有了更多见面的机会，彼此间的感情也得以加深。所以，当客户再需要购买报纸的时候，就会不自觉地在他那里购

买。先入为主，他也就占领了市场。而报童鲍伯虽然很勤奋，却没有使用正确的方法，没有让客户参与其中，也只能事倍功半。

从上面这个案例中，我们能发现一个道理，要想让客户买你的产品，就要让客户对产品建立感情，而这就需要让客户接触产品，参与到体验产品的过程中来。日久生情，这个词用在产品上也不为过。当你的产品成为客户时常可触摸、可耳闻、可眼见的产品常客后，客户也就对你的产品有了印象、评价，甚至感情。随着对产品的不断了解，客户爱上你产品的概率就会大大增加。所以，想要让客户爱上你的产品，不妨让其与你的产品近距离接触，让客户参与到产品的相关事件当中，使其成为享用产品、评价产品的人。

因此，每个销售员都要明白一点，让客户体验能引发客户的购买动机，直接刺激客户的购买欲望。而且，无论你对产品的介绍是如何美妙，客户心中总是存有疑惑的，所以，不如让客户亲身体验产品来得痛快。客户亲身体验产品，还可以省去销售员的口舌，产品的性能和特点都将在体验中表现出来，不需要费尽心机去说服客户。

那么，如何让客户参与到产品的体验中呢？

1.要告诉客户“买不买没关系”

很多时候，客户因为戒备心理会拒绝体验产品，他们认为销售员会为了推销而推荐产品。对此，销售员不妨主动打消客户在体验产品前的顾虑和芥蒂心，让其毫无防备地试用产品，并告诉顾客“买不买并没关系，看看效果而已”。比如，我们可以这样说：

“先生，一样的衣服穿在不同的人身上效果却不一样。我说得

再好，如果您不试一试是看不出效果的。以您的气质和身材，穿这件中号、藏青的，效果一定不错。嗯，光说不行的，一定要穿在身上才能看出效果，其实买不买真的没关系，要不您过去试试？”

2.引导客户参与到体验产品的互动中

通常情况下，单纯地劝说客户体验产品远远比不上引导的效果好。而销售员一定要在这种引导的过程中采取一些互动措施，因为客户是不会主动告诉你自己对产品存在哪些不满的。总之，聪明的销售员都会努力让顾客参与，乐在享用商品的感觉，从而由衷地称赞商品带给他的享受。作为销售员，如果你能劝服客户体验产品，你就能对客户的真实想法作进一步的了解，从而能对症下药，为下一步的销售工作打好基础！

第08章

对症下药，掌握针对不同客户的销售语言大全

销售过程中，即使是富有经验的销售人员，也会遇到一些让他们也觉得的客户：有些客户购买产品时总是沉默不语；有些犹豫不决；有些很固执，无论你怎么说都一直摇头；有些客户比销售员还专业，提出的问题让销售员哑口无言……这些都是难缠的客户。遇到这样的客户，销售员要审时度势，充分发挥自己的口才，巧妙地化解这些客户的疑问，这样才能顺利拿下客户，做成生意。

固执型客户，如何说能改变其想法

从事销售行业，总是会接触到各种各样性格的人，其中，有这样一类客户：在购买商品时，有绝对“理智”的态度。而这种“理智”会给销售员的工作带来麻烦，不论销售员如何解释，他们总是保持自己的固有观点，销售员作再多的努力对也是徒劳。对于这样的客户，不少销售员都会感到头疼，毕竟，说服一个固执己见的客户点头购买商品，比说服一个普通顾客要难得多。但是尽管如此，那些优秀的销售员还是能够轻松应对，让固执型的客户最终成为买家。

固执的人很少能够听进别人的解释与劝告，这就决定了销售员在遇到此类客户时的主要任务就是让客户听进劝告，使其改变固有的想法。只要能削弱客户的固执观点，那么销售员就很可能取得成功。因为，一旦客户的观点有所动摇，也就证明了他已经开始接受销售员的意见和观点了。

一位孕妇来到孕婴生活馆，开始选购产品。

销售员：“您好，小姐。请问您想选择哪一类商品呢？”

客户：“这里的维生素都是可以吃的吗？”

销售员：“是的，小姐。我们这里是孕婴生活馆，一切产

品对孕妇和胎儿都是没有任何危害的。”

客户：“嗯，我就是怕对婴儿有害。”

销售员：“是的。这里的产品都是经过高科技提取的纯植物型产品，不含有害物质。请问您是需要什么类型的维生素呢？我们会针对您的需要帮助您。”

客户：“我也不知道，怀了宝宝后，感觉头发有点脱落，脸色也不好。”

销售员：“哦，那您还是选择维生素E吧，它有生发，改善肤色的好处。”

客户：“嗯，医生也这么说。可是你这里的产品真的是无害的吗？”

销售员：“当然，这些都是纯植物产品，完全适合您。”

客户：“嗯，应该行吧。对了，你这里有适合孕妇的防晒霜吗？医生说在吃了维生素后，还要尽量避免紫外线的照射。”

销售员：“有啊，您旁边那个货架上的都是适合孕妇使用的防晒霜，都是纯植物提炼的。”

客户：“但是我的皮肤容易过敏，曾经用过植物类型的防晒霜也不行。”

销售员：“您是如何使用防晒霜的呢？”

客户：“就是洗干净脸之后涂上啊。”

销售员：“我想您可能是使用方法不够正确。正确涂抹防晒霜应该是要先涂一层爽肤水，然后涂一层薄薄的乳液，最后才涂防晒霜。一般用防晒霜和隔离霜时都需要事先涂一层乳液来保护肌肤。”

客户：“但是我身边的人几乎都是直接涂防晒霜的。”

销售员：“因为他们没有您的皮肤这样敏感，所以您在涂抹的时候就更需要注意使用方法。”

客户：“我知道我过敏很严重，可能不是使用方法的问题。我只想找一款用起来比较安心的产品。”

销售员：“这是××护肤专家编写的美容秘籍，相信您对她并不陌生。您可以看一下这段美容知识介绍，这里详细介绍了关于使用防晒用品的正确方法。”

客户：“哦，那可能是我的使用方法不太正确。”

销售员：“是的。您的过敏问题很大程度都是因为使用方法不正确导致的。只要您按正确的方法和步骤涂抹防晒霜，一般是不会过敏的。对了，因为您是怀孕期，您在使用所有产品的时候都必须注意。我们这里的防晒霜还有配套的乳液和爽肤水，我建议您都用无害、无刺激的。”

客户：“哦，是吗？那好。这款乳液、防晒霜和爽肤水各拿一瓶吧。”

情景中的客户在购买维生素的时候，总担心是不是有害，当然，对方是孕妇，这可以理解。在挑选防晒霜的时候，她也总是担心会不会过敏，这名顾客总的来说是比较固执的，但销

售员自有一套。她抓住客户害怕产品对婴儿有害这一点，不仅成功地推销了维生素和防晒霜，还推销出去了爽肤水和乳液。其实，销售的过程就是征服客户心理的过程。客户固执也不是没有原因的，情景中的销售员就是把握住了客户的固执点，并能够深入解决，从而取得了销售的成功。

很多销售员面对这样的客户，难免会感到不耐烦，因此也就很难掌握客户的真实需求。这样一来，不仅无法说服客户改变固执观点，还可能因为对客户态度不够尊重而失去客户。因此造成销售失败也就再正常不过了。的确，面对固执型的客户，销售员需要保持足够的耐心，要善于分析和观察客户，寻找到客户固执的本质原因，并不失时机地想办法说服客户。一旦消除了客户的固执点，那么销售就已经成功一半了。

在具体销售过程中，想要说服客户并让客户最终成为购买者，需要销售员做到以下几点：

1.寻找客户固执的原因

客户固执己见肯定是有原因的，销售员要做的就是找出这些原因，而不是因为客户的固执放弃销售。当真正发现客户固执的原因之后，销售就已经向成功走近一步了。因为不论任何问题，只要找到原因，就有解决的机会。何况对于多数销售员来说，说服客户乃是自己的强项。

2.用事实说话，让客户看到效果

有时候，固执型客户不愿听销售员的建议，因为他内心

已经有既定的意见。这时候，如果销售员还使用原来的销售模式，无法让客户信服，恐怕就会流失客户。这时采取用事实说话的方式就再合适不过了。销售员可以借用一些权威人士的观点，或者是将既成事实摆在客户面前，让客户脱离简单的销售对话，使其从客观上充分地认识问题，如此，客户的观点就很可能动摇。毕竟专家和事实更具有说服力。

3.不要否定你的客户

在销售中，最忌讳的就是销售员和客户唱反调、否定客户，这很容易引起客户的反感，尤其对于那些固执型客户来说更是如此。固执型客户所持有的观点可能并不完全正确，甚至是一面之词，但销售员还是要从这些话语中识别出有价值的一面，然后加以肯定。因为对于销售员给予的赞同和肯定，任何一个客户都是愿意接受的。

急躁型客户，如何做能迅速完成销售活动

销售员在销售的过程中会接触到各种不同性格的客户，当然，也有些客户性格急躁、脾气火暴。在与销售员交谈或者售后服务的过程中，他们都希望快速解决问题，稍有一些不满或者意见就会对销售员横加指责，很多时候还甚至会表现出不耐烦、不配合。总之，让整个销售的气氛很紧张，令销售员无所

适从。毕竟脾气暴躁的人不易相处，想要处理好与这类顾客之间的关系，对一些销售员来讲会有一定的难度。但销售员如果具备较高的沟通技巧，善于缓和气氛紧张的对话局面，懂得选择适当的方式来平息客户的怒气，那么，即便面对脾气再差的顾客，也能够应对自如。

非非是一家电子产品公司的销售人员。这天，一位先生气冲冲地找到非非，说起了前一天在这里购买的MP3。

客户：“你昨天卖给我的是什么MP3，根本就放不出声音嘛！你们卖的这是什么产品？质量也太差了。”

非非：“真是太抱歉了，本来买东西是一件很高兴的事情，却没想到给您的生活添了麻烦，真是对不起。请问产品哪里出现了问题？我可以帮您进一步解决。”说着，连忙放下手头的工作。

客户：“我下载了歌，可根本没有声音。”（态度稍有缓和）

非非：“是吗？那我们来现场操作一遍看看，和您一起找找原因。”

非非让顾客在现场操作了一遍，结果他发现了问题，原来顾客的耳机根本没插好，自然听不到声音。

客户：“这，真是不好意思。”（一脸歉意）

非非：“不，是我昨天没为您安装好，责任在我。如果您在使用过程中发现有什么不懂的地方或是什么问题，尽管来找我。”

第二天，这位顾客又来找非非。不是为了别的，而是又买走了一个MP3。

销售情景中，客户气急败坏地来追问销售员非非，但非非并没有表现出不耐烦，而是心平气和地帮助客户解决了问题，并且给客户留下了好印象，带来了新一轮的生意。从非非的处理方法中，我们可以看出，面对性急的顾客，销售员一定要有足够的信心和耐心，这样才能够稳住客户的情绪，从而引导客户心平气和地商谈。面对性急的客户，最忌讳的就是与客户对着干，在言语上冲撞他。对顾客出言不逊，图一时之快，只会让你流失掉生意。而且，一个销售员的态度，不仅体现着个人的素质和修养，还代表着产品和公司的形象。对于性急的客户，如果销售员不注意自己说话的语气和态度，就有可能火上浇油，让谈话气氛变得更加紧张，销售也就容易遭受失败，而且会在一定程度上影响产品的品牌。无论面对什么客户，如果销售员不能营造良好的沟通氛围，都会对销售成绩造成影响。

那么，在销售过程中，如果遇到性急的顾客，销售员具体应该怎样做呢?

1.保持始终如一的耐心

耐心是销售员素质最好的体现，销售员要始终记住，卖出产品是最终目标，而目标的实现与否就在于客户的情绪。只

有始终保持良好态度，才能稳住客户。柏拉图说："耐心是一切聪明才智的基础。"在任何时候，保持足够的耐心总会给人们带来意想不到的好结果，在销售领域中，耐心的作用则就更加重要。懂得在销售过程中保持耐心的销售员，也往往能获得更好的销售业绩，因为始终如一的耐心能够打动任何一位客户的心。

当顾客因为一些原因表现得情绪急躁时，作为销售员，我们千万不能自乱阵脚，甚至表现出不耐烦，而需要拿出良好的态度，细心解决客户遇到的问题。不要总是将问题归结到顾客身上，即便是顾客的做法欠妥，销售员也要展现良好的个人素质，用始终如一的耐心打动顾客。

2.不要吝啬道歉

其实，性急的客户一般口无遮拦，并没有什么坏心眼，他们常会因为一些小问题发脾气。销售员要学会处理好顾客的情绪，适当地对顾客道歉就是一个好方法。有一句名言说："当场承认自己的错误需要具有相当的勇气，给人一个好感胜过一千个理由。"道歉是化解两个人之间问题与矛盾的最有效、最快捷的方法。即便一个人有再大的怒气与怨恨，当听到别人真诚的道歉时，他的情绪就有所缓和。道歉会让客户看到销售员良好的素质，不仅能缓和客户的情绪，有利于销售的继续进行，还能给产品和公司树立一个好形象。总之，销售员学会道歉，于人于己都有利。

被誉为日本“推销之神”的保险推销员原一平曾经说：“赤裸裸地注视自己，毫无保留地彻底反省，然后才能认识自己。”在销售领域，顾客就是上帝。没有苛刻的客户，只有不到位的服务。任何一个销售员要想提高销售业绩，都要从自身找原因，而不能认为问题出在客户身上，但有些销售员会认为：明明是顾客的原因，为什么还要我来道歉呢，太不公平了！然而对于一名销售员来说，职责就是向顾客推销商品，而想要将商品推销给顾客，销售员首先要推销自己，没有给予客户一个好的个人印象，如何能推销产品呢?

所以，无论是被顾客误会，还是你自身存在问题，不管责任在谁，作为销售员，你都要首先向客户表示歉意。这样不仅能够很快平息顾客的怒气，也有利于与客户建立长期的良好关系。

多疑型客户，如何打消其内心疑虑

在现代社会中，虽然我们一直强调诚信原则，但还是存在一些违背这一原则的经济现象。而正是这一原因，导致了很多客户对销售员这一职业存在偏见，他们认为销售员是为了推销而推销，销售员的话决不能信。而购买产品的时候，他们更是小心翼翼，处处提防，并喜欢刨根问底。这样的态度无疑为我

们的销售工作带来难度，我们只有彻底消除客户的疑虑，才能使他们信任我们。

一天，一位先生来到某手机直营店，看了半天之后，他把眼光停留在了一款最新型的智能机上。销售员小王很快迎了上来，并为其介绍了这款手机的功能以及价格优惠政策。

小王："关于这款手机的功能，刚才我已经为您展示过了，而且最近公司店庆，这款手机的优惠幅度也不小，所以这是一款性价比很高的产品。"

顾客："可是，这款手机拿在手上怎么轻飘飘的呢，是不是一摔就会坏啊？"

小王："这一点，先生您多虑了，现在的智能机的设计都是为了轻便，而我们的手机在这一点上更是采用了当今世界上最先进的×××技术。当然，我们还是要保护好手机，尽量减少摔打的可能，您说对吗？"

顾客："你说的也是，你拿出来给我试用一下吧。"

小王："好的。"

当小王为客户拿出手机后，这位先生拿在手上看了看，提出了疑问："怎么手机的颜色看起来那么怪，好像是旧的。"

此时，小王真的有点不耐烦了，但还是深呼吸了一下，然后对客户说："这个您放心，现在流行复古样式，所以我们采用了哑光设计。"

顾客："哦，这样啊。那行吧，给我包起来吧。"

在面对这类刨根问底、似乎总是对销售人员持怀疑态度的客户时，可能很多销售人员都会热情消退甚至不耐烦，而这种态度无疑会加重客户的疑心。实际上，如果我们能保持镇定和耐心，就如同案例中的导购员一样，即使已经觉得不耐烦，也调整心态，继续回答顾客的问题，那么客户在心中的疑虑逐渐消除后，自然也会放心购买。

还有一种情况，有些客户喜欢刨根问底是性格所致，他们无论做什么，都会做到深思熟虑，力求滴水不露。但不管什么原因，我们都要使用技巧，消除顾客的疑虑，从而实现交易。

具体来说，我们应该做到：

1.言辞诚恳

这类客户疑心重就是因为不相信销售人员。如果我们能态度坦诚，不矫揉造作，注意说话的语气，给他以坦诚老实的感觉，那么是能打动客户的。相反，如果你眉飞色舞、唾沫横飞，就会给顾客造成一种华而不实的感觉，而客户会把这种感觉过渡到你的产品上去。

2.不要试图对这类客户实行“利诱”

虽然很多人都爱占小便宜，但在与这类多疑型客户打交道时，我们一定不要以为用小恩小惠就可以收买他们。这样做很容易适得其反，引起客户更深的怀疑甚至误解。所以，我们要尽量理解他们的情感，尤其是他们多方面的疑虑和意见。

3.自曝其短，换取信任

客户也明白，任何产品都不是十全十美的，如果我们一味地吹嘘产品的性能和质量，势必引起客户的怀疑。其实，我们不妨适当表示出对顾客意见的赞同，甚至可以主动承认产品的一些小问题，当然这些问题是无伤大雅的，不会影响到产品的使用。这样，可以换得客户的信任。如："不瞒您说，我们的产品在时尚元素的追求上，还是做得不到位，但我们会努力的。"

4.拿出让客户信服的证据

如果客户总是不相信你说的话，总是半信半疑，那么你可以拿出让他信服的证据。比如，我们可以说："先生，我知道您担心产品的质量问题，这我可以理解。您看，这是我们的产品证明书和客户反馈意见表……"

总之，面对这类刨根问底、对销售员和产品不信任的客户，我们的工作重心就是保持耐心，逐一消除客户的疑虑，从而让客户放心购买。

专业型客户，如何应对

从事销售工作，每天都要与不同的客户打交道，其中就不乏那些对产品颇有研究的客户。在购买商品的过程中，这样的

客户因为对产品的熟识，常常会对销售员的话作更为理智的思考和回应，回以销售员的提问也更为犀利。底气不足的销售员常被这类顾客问得哑口无言、手足无措，有时候，不仅会失去生意，还使得自己和公司的形象受损。其实，让这类客户成为最终的购买者也并非不可能，这就需要我们迎合这类客户的心理，满足其“爱指导”的需求，从而自如应对在沟通中遇到的每一个问题，为成功销售赢得机会。

丽丽是一家皮具专卖店的销售员，一天，店里来了一位男士，看了几眼后，他站在了一款皮带前。

丽丽：“您好，先生，来选购皮带吗？”

客户：“我自己看看。”

丽丽：“先生，我们是国际品牌专柜，以您的气质来说这里的皮带都比较适合。”

客户：“你们是国际品牌？”

丽丽：“对，我们的皮具是意大利品牌，在款式和材料上都走欧美风。”

客户：“什么国际品牌？你以为我不知道，我也有一个朋友做这行，业内人都知道，你们只不过是挂了一个意大利的牌子而已，其实都是国内的产品。”

丽丽一听，知道遇到内行了，她立刻改变策略，恭维道：“您真行！这么隐秘的事都能知道，跟您相比，我们真是井底之蛙了。不过不管怎样，我们的产品质量还是得到认可的，您

说是吗？”

客户：“这倒也是实话。”

丽丽：“那先生，您觉得我们的产品还存在哪些不足呢？”

客户：“其实，你们的产品也不错，只是我觉得作为男士专用皮具，在原料供应上更应该做到精心地挑选，尽量选择那些质地优良的，这样才能做出高品质的皮具，才能做出档次，走出国门，成为名牌。”

丽丽：“您说得太有道理了，我们老板也一直叮嘱生产部门要注意这些。对了，您今天有看上的皮带吗？”

客户：“这条还行吧。”

丽丽：“先生，您的眼光真的不错。您看上的这条皮带有个好处就是，无论您配什么衣服，都会搭配得很好，因为它的颜色很中和。而且，今天您很幸运，我们这里所有的皮具都打六折。你可以试一下，来体验一下实际效果。”

客户：“嗯，行吧，我试试看，好看就买了。”

最后，这位客户痛快地购买了这条皮带。客户离开前，丽丽还不忘恭维道：“以后，您可要常来为我们的工作作指导啊！”

可能很多销售人员认为，遇到专业型客户就意味着销售工作进入了死胡同，实则不然，只要我们找准了销售策略，就能应付。案例中的销售员丽丽之所以能向这位客户卖出自己的产

品，就是利用了客户的这种优越感，对客户进行了一番投其所好的恭维。的确，那些专业型客户因为熟悉产品，一般都不会听销售员的意见。因此，与其费尽口舌劝客户购买，还不如以请教的姿态，主动倾听顾客的讲解，满足其心理需要。只要掌握好专业型顾客的心理，买卖就不难做成。

那么，具体来说，我们该如何应付这类顾客呢？

1.处变不惊，保持良好的态度

这类专业型客户通常都会表现出一副盛气凌人的姿态，喜欢用自己的专业知识来指出产品的不足或者销售员工作的不足。作为销售员，我们不能因为对方是专业顾客这一特殊身份就畏首畏尾，不敢上前接待。其实，我们如果能处变不惊，保持真诚的态度，提供热情的服务，展示自己的自信，反倒能赢得对方的好评。

2.多说恭维话

与这类客户交谈，我们不妨对他们的专业知识和渊博的学识表现出敬佩的样子，这不仅能让他们狂妄的心理得到满足，也会令他们为了表现自己而乐意向销售员传授更多知识。

3.多使用讨教的语气

这类顾客通常有很强的表现欲，一般来说，还没等销售人员正式介绍产品，他们就急于表现自己，对销售员的话会表现得很不耐烦。有时候，他们会喋喋不休地向销售员传授专业知识，对于销售员的不足之处会无情地指出，使销售员下不了

台。因此，我们可以降低姿态，以讨教的语气进行交流，利用他们好胜的心理来促成销售。

总之，我们要记住，成功销售出产品才是我们的终极目的，不管顾客如何自我感觉优越，只要我们能迎合其心理，就一定能达成目的！

融化抱怨，让客户享受宾至如归的感觉

在销售过程中，我们每天都会遇到形形色色的顾客，也会遇到各种各样的投诉问题和顾客的抱怨。可见，一次销售的成功并不是以顾客付款提货为标志，而是以顾客对销售员和产品始终如一的满意为标志。面对顾客的种种抱怨，我们只有保持微笑，以良好的态度耐心地倾听，从顾客的角度分析问题产生的原因并加以解决，才能让顾客感受到重视，才能有效化解顾客的抱怨，让顾客满意而归！

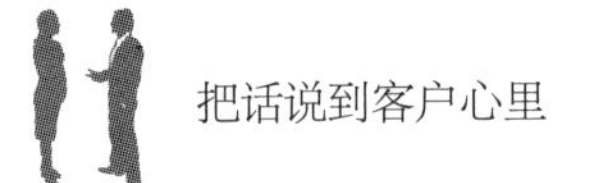

冷静对待客户抱怨，找准原因才能对症下药

因为人们购买的产品不同，购买的时间、地点和使用状况不同，就可能对产品产生不同的意见，其中，不乏抱怨。客户的不满意可能表现在很多地方，从产品到服务，再到承诺的异议，客户都可能产生不满。任何客户的抱怨都是可以化解的，关键是看你是否有较高的技巧。这就要求我们先了解客户产生抱怨的原因，再针对不同的原因，采取不同的应对措施。

这天，一位女士气冲冲地找到某电器商场的销售员。

顾客："我当初就是在你手上买的空调，买的时候，我看你的态度还是可以的，但你们公司的售后服务也太差了吧！这么大热的天，我们家空调坏了，几次打电话催着修都拖拖拉拉……"这位顾客一股脑儿地抱怨。

销售员："真是不好意思，让您受罪了，我代表公司的售后部门向您道歉。一般来说，在我们公司，这种情况真是很少出现。也不知道是谁接到您的电话，但他的工作真的没有做到位，希望您谅解。"销售员一直面对微笑。

顾客："算了，我也不跟他计较了。"

销售员：“您看这样行吗，我现在就通知公司的售后部门，立即为您维修空调。下次您来购买产品的话，我一定为您打最低折扣。这次真是我们的疏忽，很抱歉。”

顾客：“没关系啦，你不必这样道歉，这也不是你的错。你服务态度这么好，以后再买电器，一定找你。”

很明显，案例中的顾客对售后态度有所不满，对此，销售人员先是任由顾客发泄情绪和抱怨，等到顾客冷静下来后，再诚心诚意地道歉，最后帮助顾客解决问题。销售员以“下次您来购买产品的话，我一定为您打最低折扣”这一承诺让顾客重新表示肯定，从而成功地留住了顾客。

可见，销售人员在处理客户抱怨的时候，一定要有灵活性；一来是不要让客户的情绪影响了你，让你也变得生气起来；二来要以平静的心情听完客户的抱怨，从中找准问题产生的原因，然后采取针对性的解决措施。

那么，具体来说，我们该怎么做呢?

1.找出客户产生抱怨的原因

要做到成功化解客户的抱怨，首先就要了解清楚客户抱怨的原因。客户抱怨的问题常有以下几种：

（1）产品自身的原因，比如：商品用途狭窄、无法使用、商品功效减退或消失等。

（2）售后服务上的问题，比如：售后态度不好、售后服务不及时等。

（3）客户自身的原因，比如：客户没有按照产品说明书的要求正确使用商品，或者机器的使用程序颠倒；或者客户受到外界因素的影响，对产品产生误解等。

当然，客户产生抱怨的原因并非只有以上三种，具体原因需要我们在处理抱怨前就挖掘出来，以方便我们对症下药，加以解决。

2.对症下药，消除客户的抱怨

（1）客户对产品不满意。针对这一点，我们一定要重新树立产品在客户心中的形象，重新述说产品的卖点，让客户觉得买得值。

（2）客户由于使用不当造成问题。对此，我们一定不要将责任加于客户身上，而应该归咎于自己，承认自己没有把情况说明清楚，然后再向客户重新演示产品的正确使用方法。

当然，关于客户的这一抱怨，我们完全可以避免。那就是，当客户购买产品后，我们应详细告诉客户要仔细阅读产品的说明书，以及使用产品时要按照产品说明书上的要求正确使用。

（3）关于服务上的抱怨。关于这一抱怨，销售员或多或少地有些责任。有些销售员在听到客户提出关于服务的抱怨时，经常会用“客人很差劲”“最近消费意识抬头，客人的要求越来越多，真是拿他们没办法”“消费者保护法是把消费者宠坏

的法律，对我们而言根本很难做到”等理由来责怪客户。这种处理方式是万万不可的。对此，我们一定要保持良好的态度，表达对客户的尊重。直销界流行这样一句话：“客户永远是对的。”要让客户对我们的印象改观，良好的服务态度就是最有力的证明。

因此，销售员面对客户抱怨的时候，一定要先冷静地分析、查明真相，并且思考如何处理，确实找出客户是因为哪种不满而产生抱怨的，然后针对具体原因加以解决，使客户满意而归！

产品降价，客户认为自己买亏了，如何应对

现代商业社会瞬息万变，消费市场亦是如此。受到各种因素的影响，就连产品的价格也可能每天都不一样。商家为了促进销售量，会不断出台各种优惠政策。于是，未免经常听到顾客有这样的抱怨：“我买的时候那么贵，现在这么便宜了，才过一个月，这太不像话了，你们要给我补偿差价。”面对顾客一副得理不饶人的样子，销售员要如何应对呢？是置之不理，还是随便找个理由应付顾客，或是利用自己的口才说服顾客呢？销售员如果应对得体，既可以避免一场纷争，又可以赢得回头客。

在某商场电子产品专卖区，一位小姐气势汹汹地找到销售员。

销售员："小姐，您好，欢迎您再次光临。今天您来选购什么产品呢？"

顾客："是这样的，我是想问一下，为什么我上次在这儿买的MP4还没到一个月价格就降这么多？你们得赔偿我差价。"

销售员："小姐，您先别急，我非常理解您现在的心情。您一定觉得、价格降了这么多，您买得不划算，其实，还是有很大区别的。像您购买的这种播放器，功能强大，外形靓丽，颜色多样，在您购买时我们这个柜台可是独一无二的啊！可以说您是一位时尚达人了。而现在市场上的确出现一些和我们产品差不多的播放器，价格也便宜很多，但您是这款产品的引领者，您应该觉得高兴才对啊，您说对吧？"

顾客："嗯，你说得也对。"

和案例中的顾客一样，任何一个顾客在自己购买的产品降价太快时，都会感觉吃了亏，上门找销售员理论也是情理之中的事。文中这位销售员针对顾客的抱怨，给出一个独特、合理又让人心服口服的解释，这种做法值得我们效仿。

具体来说，我们需要做到：

1.理解顾客，认同顾客的情绪

如果我们是顾客，当遇到此类吃亏的事时，内心肯定也不

平衡。如果我们能如此设身处地地为顾客着想，能以理解的态度与顾客交谈，那么顾客也愿意把你当成倾诉的对象，彼此之间的距离就会拉近。这样一来，任何抱怨都能化解。

2.对顾客的抱怨以诚相待

为了顺利地化解顾客的抱怨，重新赢得顾客的信任和认可，而不至于影响到公司的整体形象和信誉，销售员需要以真诚的服务态度打动顾客的心。如果销售员在处理此类抱怨时心不在焉或者搪塞敷衍，那么只会火上浇油，激化顾客的情绪，不仅得不到顾客的信任，还会招致顾客反感，甚至影响到顾客对产品的认同。

3.不要推卸责任

面对顾客关于产品降价太快的抱怨，有些销售员会这样回答："哦，我知道你说的，但是这个价格是公司说了算，又不是我定的，我真的没办法赔偿您这个差价。""电子产品本来就是降价快，这一点您应该知道呀！"很明显，这种的回应是在把责任推到公司和顾客头上。把责任推给公司，虽然转嫁了矛盾，但把产品卖给顾客的始终是销售员自身，所以这种方法不仅不能成功解决问题，反而有损于公司的整体利益。另外，把责任推给顾客自身，是一种指责。所以，在解决客户关于产品降价的抱怨时，永远也不要推卸责任。无论原因在哪，销售员都要以负责任的态度来回答，让客户看到你的诚心，对你心服口服。销售员应在能力范围内，满足客户所有的

合理要求。这不仅能挽回客户，还能树立良好的口碑，吸引众多的新客户。

4.保持微笑

无论顾客的情绪多么激动，你的微笑都能安抚他的坏情绪。俗话说：“伸手不打笑脸人。”即使客户再怎样咄咄逼人，销售员也要时刻保持微笑，以心平气和的状态与客户交谈。

5.快速处理抱怨，尽量让顾客满意而归

在处理抱怨的过程中，销售员需要认真收集所有的信息并快速整理分析，以保证当顾客的抱怨发泄完、要求一个答复的时候，能马上给客户一个满意的交代，从而再次赢得客户的信任。需要注意的是，这个过程一定要快，否则只会让客户越来越远。

总之，在面对这类顾客时，销售员应更多地从顾客的角度出发，安抚顾客的情绪，而后再为顾客讲明降价的原因。

抱怨中的客户情绪激动如何应对

我们知道，销售员是产品与顾客之间的一座桥梁，其任务是把产品顺利并优质地推销到顾客手中，让每位顾客的购买需求得以实现，并把顾客对产品的感受、服务信息等方面

的内容反馈给公司，促使公司更好地为顾客服务。在顾客的反馈信息中，自然少不了投诉和抱怨。比如，我们经常听到顾客对销售员处理问题的速度不满意："你们处理问题的效率太低了，我没有耐心了。"很多销售员都害怕面对这种情况，因为这需要浪费不少精力和时间来解决，如果处理不好还有可能导致局面僵持或是矛盾升级，容易对产品及公司的信誉造成影响。但是，想要做好销售员，就必须学会处理这种情况。其实，顾客前来讨说法的情况看似很难处理，但是，只要掌握一定的沟通和销售技巧，还是能够妥善解决的。

销售员："太太您好，今天您想了解哪些产品啊？"

顾客："我不是来听你介绍的，上次我在你这里买了一件衣服，居然有个地方开线了，我就拿到这里来修补。结果等了几个星期，我来了好几次，还没补好。你们处理问题的速度也太慢了，我都没耐心了。"

销售员："太太，您先休息一下。真是不好意思，都怪我上次没注意，麻烦您跑好几趟。这几天店内的生意太忙，所以可能接到衣服的人就把这事儿给忘了，我现在马上就拿去给您修补。请您稍等一下。

顾客："那好吧。"

过了一会儿，销售员把补好的衣服拿给顾客，满怀歉意地说："真是抱歉，太太，这都是我的错。您看这样行不，我免费为您办个会员吧，以后您来购买的话，我都给您打个折。”

这时，顾客的脸色已经好多了，听到销售员的这句话，马上笑着说：“好吧，以后你们得多注意这方面的问题。”

案例中，这名顾客因为公司处理售后问题的效率低而产生抱怨，面对这种情况，这位销售员首先反复强调这是自己的失误，向顾客诚恳地道歉；在安抚了顾客的情绪后，他就顾客提出的问题给予了圆满的解决方案，并开出优惠条件来稳住顾客，从而保证顾客的再次光临。

在一些销售员看来，售后问题的处理是售后部门的任务，面对这种抱怨，大可简单、直接地告诉顾客，这不是自己的责任。但作为销售员，你要知道，你是公司的一分子，你的一言一行都事关公司的整体形象和声誉。你这样回答只能让顾客感觉是在推脱责任，容易激起顾客更大的不满，甚至让顾客对整个公司的服务态度产生质疑，从而有可能引发更大的争论，对于解决问题没有任何积极作用。这样的做法常常发生在那些经验不足或是新入职的销售员身上，而那些优秀的销售员很少遇到这种问题，即便是遇到了，他们也会迅速解决，让客户微笑而归。

那么，针对这类问题，我们该如何处理呢？我们可以掌握以下几个步骤：

1.安抚和道歉

作为销售员，不管顾客抱怨时态度如何，甚至说了一些不堪入耳的话，也你都要冷静下来。你要做的第一件事就是平息顾客的怒气，缓和他的不快，并向顾客表示歉意。你还得告诉他，公司将会立即处理他的问题，尽量在最短的时间内给他一个满意的答复。

2.认真倾听顾客的抱怨和事情的详细经过

其实，很多时候，客户在投诉时提出的一些问题并不是什么大问题，甚至对于如何解决问题也没有太多意见，他们最看重的是销售人员或公司对这件事的态度。他们抱怨处理问题的速度慢，也是因为他们认为自己没有被重视而已。如果能对投诉的客户报以尊重的态度，认真听他们的抱怨，在很多时候，问题已经解决了。

3.快速反应

用自己的话把顾客的抱怨复述一遍，确信你已经理解了问题所在，而且对此已与顾客达成一致。如果可能，请告诉顾客你愿想尽一切办法来解决他提出的问题。

4.尽量对顾客作出一些补偿

这里的补偿包括心理补偿和物质补偿。心理补偿是指服务人员承认确实存在着问题，也确实给顾客造成了伤害，并真诚道歉。物质补偿是指给出“让我们现在就作些实际的事情解决这个问题”的承诺，如经济赔偿、调换产品或对产品进行修理

等，尽己所能满足顾客。

当然，除了做到以上几个步骤外，解决问题的最根本办法就是提高工作人员包括销售员的工作效率。工作中，凡事分个轻重缓急，问题处理起来也就既紧张又有序了。

处理客户抱怨时应避免这样一些语言错误

销售过程中，我们销售的产品不可能完美无瑕，我们的销售工作也并不是对所有的客户来说都尽善尽美。有时候，销售员工作中的某个环节出现了问题，就难免会引发客户对销售员销售的产品或者服务产生抱怨，这是正常的事情。因为，客户从销售员那里购买了产品后，在出现产品在正常使用期内发生故障或者售后服务没有跟上等问题时，向销售员诉说不满是理所当然的。面对客户的抱怨，销售员必须予以正视，不可犯某些言语禁忌，因为，一旦触怒原本已经心存抱怨的客户，那么，我们的销售工作就将更添阻碍。

某女士在某商场电器专区购买了一个豆浆机，可只用了三个多月就坏了，于是她找到销售员，要求维修或者赔偿。

销售员："小姐，上级有规定，如果不是我们的VIP用户，那么保修期是三个月。超过三个月为您维修是要适当收费的，所以这个要求确实满足不了您，请您见谅。"

客户：“是过了保修期，可我都没怎么用就坏了，难道你们都不管？别的公司大多都是保修六个月。你们的服务质量太差了，我要找你们经理。我看你就是想多收钱，把你们经理找来，我要当面和他说。”

销售员：“真是对不起，我非常理解您的心情，不过我们公司规定是三个月，员工手册上明确地写了我们的服务范围和规定，您来看一下就知道了。不过非常感谢您的建议，我会将您的想法向上级反映。如果出了新的规定，我会马上通知您，您看好吗？”

案例中，面对顾客的无理取闹，销售员完全可以理直气壮地说：“明明是三个月保修期，我是按照规定为您服务的，您怎么可以这样不讲道理？”或者：“我们的保修期就是三个月，您找经理也没用啊！”但他没有这样做，因为这样应对无疑会激化顾客的情绪，进而影响公司的形象和声誉。所以他采取的方法是：先向顾客道歉，并对顾客的心情表示理解；然后向顾客出示产品保修期的规定，令顾客无话可说；最后，他继续表达了对顾客感受的理解，从而平息了顾客的怒气。

当然，除了推卸责任外，一些销售员还会触犯其他的言语禁忌，具体来说，包括以下几种：

1.批评、埋怨客户

客户永远是上帝，也是销售人员的衣食父母。所以，当客户对产品或者服务提出抱怨时，销售员千万不要同客户争执，而应该冷静地倾听客户意见，虚心地接受批评，了解到客户意见的重点，坚决避免与客户发生争执或直接指出客户的错误。

不论客户对你的产品提出什么样的批评、如何的不满，销售员都永远不要和客户争执，最好是先接受他的指责，了解客户抱怨的原因，然后掌握客户心理，为消除客户的不满寻找方法。

2.使用攻击性语言

俗话说："好话一句三冬暖，恶语伤人六月寒。"作为销售员，无论客户的抱怨是否在理，无论他说什么针对性的语言，我们都不要以攻击性的语言应对，不然轻则引起客户的不满，重则让我们自身乃至公司形象受损。

3.使用推卸责任的话

遇到客户投诉时推卸责任是客户服务的大忌，但在实际中会经常遇到销售员这样说："抱歉，我很希望能够帮您的忙，但是我们公司规定这些是属于客服部门的。"难道公司的规定是用来禁止帮助客户的？这是除了"不"字以外，最令客户感到刺耳的话。相反，如果我们告诉客户："先生，这个问题是因为错误操作造成的，说明书上有详细的操作方法，但在您购买东西的时候我没有详细讲解给您听，实在抱歉。我现在讲给您听好吗？"那么，客户反而会感到不好意思，甚至表现出

感激。

总之，无论客户态度如何，销售员都应先设法控制自己的情绪，友好、礼貌地对待客户，在态度上先给客户降火，然后逐渐了解问题的来龙去脉，消除问题和矛盾。

第10章

讨价还价，轻松化解销售中的价格障碍

销售人员把产品卖给客户，自然要谈到价格问题，也就免不了要讨价还价。与客户的讨价还价，考验到我们的语言能力，我们在游说的过程中，必须把握一点：要“王婆卖瓜自卖自夸”，突出产品以及与产品销售相关的所有优势，让顾客由衷地产生一种“仅此一家，别无分店”“花这种钱值得”的感觉，否则结果将是说而不服。

讨价还价，你需要掌握的几点原则

价格异议是销售活动中最常见的异议，一个优秀的销售员除了要会将产品完整、全面地介绍给客户外，还要会讨价还价，处理各种价格异议，而这就需要销售员掌握一些技巧。下面是一个精明人自述自己讨价还价的故事。

那次，公司组织员工去云南旅游。我和几个同事一起逛街，由于爱好不同，后来就分了。我看上了个立式的台灯，我当时就想买下来，觉得这台灯放在客厅的茶几上刚刚好。

“多少钱？”我问。

“500元。”

“100元！”我说。

“天哪！”小贩用手拍着前额，做出一副要晕倒的样子，然后看着我，“200元。”

“100元。”我没有表情。

“天哪！”他在原地打了一个转，又转向旁边的摊子，对着那摊子举起手里的台灯喊：“他出100元！天哪！”又对着我说：“最低了，我卖你150元，结个缘，明天你带朋友来，好不好？”

我笑着耸耸肩，转身走了，因为我口袋里只有150元，如果出到150元，那我坐车回去的钱都没有了。我才走出去四五步，他就在后面大声喊："120元，120元啦！"

我继续走，走到别的摊子上看东西，他还在招手："你来！你来！我们是朋友，对不对？我算你110元，半卖半送！"

我往前，走出了摊贩聚集的地方。

突然一个小孩跑来，拉着我往回走。原来是那摊贩派来的，想把我拉回那家店。"好啦！我要休息了，就100元啦！"

现在，每次我看到茶几上摆的这个台灯，就想起那个小贩。我常想，我为什么能那么便宜地买到？因为我坚持了自己的底线。

我也想，他为什么会卖？想到这里，我又不是那么得意了，因为这100元一定也在他的底线之上，搞不好80元他也卖。

情景中小贩的错误之处，就是让客户摸出了价格的底线。其实，客户和销售员在还价的时候，打的就是一场心理战。销售员要想以理想的价格拿下客户，就必须掌握好客户的心理，然后抓住一些技巧，如此，敲定生意自然水到渠成。那么，销售员在与客户讨价还价的时候，要坚持什么原则呢？

1.讨价还价前先整体规划

销售谈判决不能打无准备之仗，正如人们常说的"凡事预则立，不预则废"。销售人员一定要作好还价前的充分准备，可以采取一些具体步骤以保证自己在还价过程中的总体意图的

贯彻。例如，可先做好下面的准备工作。

一张提问表：把客户可能提问的问题都列出来，然后再列出最佳的回答方案。

一张让步底线表：按照合同或者公司的规定，列出在客户还价后，需要坚持的几条底线，在这个底线范围内，是销售员要努力的目标。比如，一张按合同条款形式写出乙方原则上不能作出让步的问题和交易条件；一张包含乙方可以考虑让步或给以优惠的那些具体项目，最好附上数字，形成一个阶梯式的让步和范围。

一张谈判方案表：在每场谈判中，变数都是存在的，仅仅列几个客户可能提出的问题是不够的，还需要准备几个不同谈判方案的应对策略。

2.机动处理、灵活应对

销售员要学会在谈判的过程中探测对方，然后根据客户具体的购买情况调整自己的谈判策略，总之，要学会机动地处理问题。比如，刚开始，销售员可以这样澄清自己的立场："尽人皆知，我们的化妆品是国际品牌，一直畅销国内外市场，因此我认为这款新产品的价格最起码是239元，当然，如果订货多，交货时间还是可以快些。"接着可以澄清一下对方的观点："您刚才谈到每款239元，我觉得您这是最高价格吧？"总之，销售员不能死守自己的报价，否则会引起对方的反感，甚至是愤怒，导致对方反唇相讥和谈判的告吹。销售员可以在价格外给客户方便，比如：交货方式、付费方式甚至是售后服

务方面；也可以在价格上作让步，但对客户订货量有要求。总之，这些谈判方式都是在多样中寻求统一，目的就是创造出对自己有利的条件。仍以化妆品交易为例，如果销售员希望买方以现汇支付，而客户希望以其他方式支付，那么，销售员就可以谈判："您看这样行不，你们再加五十万的订货量，我和经理商量一下。"如果这样回答，无论客户作出什么决策，都是对销售一方有利的。

以上种种策略没有设计谁也没有攻击谁，这样可友好和睦地推动探测阶段的顺利发展。

3.适量让步

适量是指让步不要过快、过多，因为人们总是比较爱惜难以得到的东西，或者付出了艰苦努力所取得的成果。谈判中，如果一下子让步太多，就会使人觉得我们地位软弱，反而增强了对方的信心，使对方掌握谈判的主动权。但让步还是要有一定的速度或数量，使对方得到一些好处，看到最终成交的前景，从而为在其他重要的交易条件上订立对我们有利的合同条款奠定基础。

销售中如何报价

任何一位顾客都知道一分钱一分货的道理，但在现实销售中，为什么顾客听到我们报出的价格后总是觉得价格太贵，无

法接受呢？其实，如果我们能在报价的时候注意方式，如采取分解价格或者由顾客自己报价等方式，那么顾客接受起来将会容易得多。

某西餐厅要批发进一批牛奶，进货员与牛奶工厂老板在餐厅就牛奶价格交涉起来。

客户：“你们厂的牛奶是什么价格？”

工厂老板：“是这样的，我们的牛奶每包算下来给你一个进价吧，两块二一包。我们调查了一下，这种牛奶的市场卖价可是三块，也就是说，一包牛奶你们可以赚八毛，一两包是小事，可是积少成多，你们就赚大了。”

客户：“可是，你们产品的质量如何？隔壁厂的牛奶才两块呢！”

工厂老板：“不知道您注意到没有，在采用的保鲜技术以及牛奶的口感方面，我们厂做的算是业内最好的，我们坚持用质量和品质来赢得客户。质量上您绝对可以放心。”

客户：“好吧，我买下这批牛奶了。”

案例中，这位销售人员的精明之处就是在报价的时候并不是采取整体报价，也就是不报出一批货的价格，而是将这批货的价格分解，这样，客户就会感觉到便宜。相反，假如他直接报出这批牛奶的价格，那么势必是一个相对庞大的数字，对方可能会因为价格问题而产生异议，阻碍成交。

可见，在销售过程中的报价问题上，销售员不可太过直

接，有时候，换个方式报价，客户接受起来就会容易得多。

那么，具体来说，我们该怎样委婉报价呢？

1.先谈价值再报价

这种方式的运用需要我们把握好沟通的进程，要在客户提出价格问题前就让客户对产品的价值产生认同感。随着销售员对产品价值的一次次强化，客户渐渐感觉物有所值，报价也就不再是问题了。

2.价格分解法报价

这种方法是对产品的价格以小单位来报价。比如，如果客户需要购买一台空调，价格为5000元，你可以这样告诉客户："你这台空调的使用年限是二十年，也就是一年才250元，一天才不到一元钱，非常划算。"如果是销售一瓶30毫升、价值210元的香水，你可以作拆分计算，告诉客户只要喷上一毫升，仅仅需要7元钱，就能持续一整天的香氛。

3.模糊报价法

模糊性报价一般以整数的形式出现，通常会比实际价格低一些，主要是为了吸引客户的注意力，争取机会，顺利进入谈判阶段。在谈判中，随着产品价值等因素的一次次强化，客户就会非常容易接受实际价格。

4.引导法报价

这种方法是利用先入为主的语言，迎合客户力求低价的心理，引导顾客接受你的报价。如："您今天很幸运，我们做活动，比平时便宜……”“价钱不贵……”“最近比较便宜……”此外，在报价时，声音要响亮清晰，态度要坚决干脆，让对方感觉这就是最低价。

5.选择合适的报价时机

选择合适的报价时机是我们成功销售的一大要素，但关键在于如何能找到这个时机。大量销售员的经验表明，最佳的报价时机必须具备下列两个条件：

首先，客户对产品有充分的了解。其实每个客户都会对产品价格产生异议，这也是人们购买产品时普遍存在的心理。只有在客户了解产品的具体情况后、能够理性地看待产品价格了，我们再报价，效果才会更好。

其次，客户对产品有急切的购买欲望和热情。如果客户的购买热情并不强烈，除非是价格很有吸引力，否则，即使销售员主动报价，客户也会不为所动。倘若价位对客户来说比较高，那么，这个客户肯定会流失。

利用这些技巧，相信我们的销售工作一定能顺利开展。要注意的是，无论生意是小是大，我们都要做长线生意，不能乱开价，也不能咬死不让，这样我们才能把产品卖出满意的价格，同时与客户保持良好的关系。

谁先出价，学问多多

在销售过程中，商讨价格是个不可避免的事情，很多时候商品的价钱都是在买卖双方的探讨中定夺下来的，只有买卖双方在平等互利的情况下探讨价格，销售工作才能更为顺利地进展。然而，有些销售员为了能赚取最大利润，总是抱着商品价格主动权不放，不作出一点让步，不给客户一丝一毫的余地，使客户时刻处于被动，因此造成客户流失的情况。如果销售员不给客户决定价格的机会，客户的购买心理会在一定程度上受到限制，很可能会转身离开；如果不给客户出价的机会，就容易给销售工作带来一定的局限性。因此，在进行销售工作时，销售员要给客户一定的空间，在适当的时候让客户出价。

一个女孩走进一家名牌鞋店，转了几圈后，在一双亮丽的红色靴子旁站住了，并仔细地看了起来，这时销售员迎了上来。

销售员："你好，小姐。这双靴子是今年的新款，而且它的颜色是今年最流行的，也是我们店才进的，是主打产品呢！"

客户："这是皮制的吗？"

销售员："对，这是纯牛皮的。穿起来非常透气，也很舒适，而且护理保养很方便。如果您喜欢可以试穿一下。"

客户："可是我怎么看也不像纯皮的啊，皮制的靴子怎么会这样呢？"

销售员："这双靴子是纯牛皮的，只不过是做成了漆皮。

这种漆皮现在特别流行，特别是搭配一些流行服饰，都会非常漂亮，而且清洁方便。如果靴子脏了，只要用打湿的棉布轻轻擦拭就可以了，既方便又实用。”

客户：“哦，是吗？这靴子多少钱？”

销售员：“499元。”

客户：“那么贵！”

销售员：“其实对于一双纯皮的靴子来说，这个价钱还是比较划算的。我看你挺喜欢的，而且应该很适合你。光我说不管用，你先穿上试试效果，如果你觉得效果好我们再商量。”

客户试过商品之后，销售员说：“看！你本来就很苗条，穿上这双靴子看起来就更显身材了，走在街上回头率一定很高。”

客户：“不过价格有点贵，我有点接受不了。”

销售员：“我想你这么时尚的女孩一定知道我们的货都是出口国外的，质量绝对有保障，难得这双靴子是今年的新款，又这么适合你，如果你穿出去，绝对会有很多女孩羡慕。”

客户：“但是我还是觉得有点贵……”

销售员：“其实这双靴子特别受欢迎，但是因为数量有限，所以我只是推荐给那些穿起来好看的女孩。前不久一个女孩想要400元买下，和我谈了很长时间，我也没卖。那你给出个价，看看你想多少钱买。”

客户：“400元也不卖？”

销售员：“对，这个是最低线了。”

客户："那450元吧，我也不和你讨价还价了。"

销售员："好的，我帮你装起来。"

情景中的销售员之所以能将产品卖出去，是因为她在价格上给予了客户一定的商量空间。的确，适当地让客户出价，让其获得一定的决策权，是销售工作得以取胜的一个方面。当销售员给予客户一定的主动权之后，客户就能获得一定的心理优势，销售工作也就更容易展开了。

在销售过程中，让客户出价是一种销售手段，也是缓解销售紧张局面的方法。销售员应让客户先了解到商品大致的价格及质量情况，再让其出价，给对方一定的主动权，让买卖双方的关系活跃起来。这时，明智的客户一般都能够根据情况给出一个相对合理的价格，销售工作也就能够更为顺利地进行。

那么，如果销售员让客户来出价，需要注意哪些问题呢？

1.了解客户的购买情况

一个人的知识水平和购买能力等情况，一般都会通过一些外在的因素体现出来，比如：一个人的外表、谈吐、表情等方面。这些都会或多或少地表达出其内在的思想动向。当一位客户在购买商品时，也会通过这些方面表现其对产品的购买动向。因此，在面对客户时，销售员要善于观察客户的一举一动，从中获悉客户的身份、出价水平和购买欲望等信息。分析了客户的身份、动向等之后，销售员可以据此决定让客户出价的时机和方式。

那些购买目的明确，且对所购商品及其相关领域了解甚多的客户，一般有着较为丰富的业内知识，在商品价格的衡量上也有着较为准确的定位。对于这类客户，销售员只需要做足商品介绍，给出一个价格范围，然后让客户出价即可。一般而言，这类客户的出价都会在合理的范围之内。

2.给客户一个价格区间

在销售时，有些销售员在使用让客户出价的方法时过于轻率。在购买商品时，每一个客户都希望商品物美价廉，所以，如果在没有让客户认识到商品的价格范围和质量时就让客户出价，往往容易导致客户出价过低，销售失败也就在所难免了。

无论客户是专业人士还是业外人士，销售员都要在销售过程中给客户一个大致的商品价格范围。这种价格范围并不是简单的数字范围，销售员需要通过向客户介绍商品以及相关领域的情况将商品划定入一个相对稳定的价格圈，并使这种价格圈成为客户衡量商品价格的参考。当客户对商品价格的衡量受到这种价格圈的影响时，大多会出一个相对合理的价格。

报价后客户认为“太贵了”如何应对

可能是出于对销售员的防御心理，无论销售员报出什么样的价，客户总是会认为“太贵了”“不合算”“别人比你卖

得便宜”。客户嫌产品贵，是几乎所有销售员会遇到的问题。有时，价格已经很合理了，客户仍旧“嫌贵”，这也是困扰不少销售员的问题。遇到这种异议时，销售员切忌回答“买不买随你便”“你不识货”或“一分钱，一分货”之类的话。因为客户永远是上帝，无论客户购不购买，都不能用这样的说辞。这种话就像一把利剑，很容易伤害客户的自尊心，甚至激怒客户，引起矛盾，从而对销售造成不利影响。那么，我们怎样应对客户的价格异议呢？

一位网通公司的推销员在刚落成的一片小区内推销网络服务，许多刚刚入住的居民前来询问。

客户：“多少钱能通网啊？”

销售员：“安装费是每户300元，网络年费是980元。”

客户：“也太贵了吧！”

销售员：“听起来确实有点贵，不过您仔细想想，加上安装费每天就3元钱，无限制上网时间，非常划算。如果你觉得年费不合适，你可以看看季度费，每季度400元，还有月费，每月才150元。”

客户：“嗯，这还差不多。”

很明显，这位销售员第一次报价的方式非常不妥当，但之后他转换了报价的方式，顺利地解决了客户的价格异议。他不仅将昂贵的网络费用拆分成小单位，消除客户对高价的排斥感，还适时地提出了另外两种收费方式。客户只要稍稍计算，就看到

了实实在在的便宜。实际上，价格还是一样的，销售员只是帮客户分解了一下单位时间的成本，让客户感觉降低了价格。

那么，在面对客户嫌贵的情况时，我们应该怎么办呢？具体有以下几种方式：

1.婉转否定法

面对客户嫌贵，销售员切不可直接回绝，否定客户的意见或者指责，否则无异于把客户推到了门外。其实，面对任何异议，我们都不能否定，应该先认同客户的感受，获得客户的好感，让对方感觉你和他是一个阵营的，然后再告诉客户产品贵的原因，毕竟客户也知道“一分价钱一分货”的道理，他购买的是价值而不是价格。比如，销售员可以说：“的确，可能我们的产品是贵了点，但是……”这样，客户在心理上也有个过渡，比较容易接受。面对客户说出“你们的电器也太贵了吧”这句话，我们看看下面两种回答方式：

回复一：

销售员：“的确有点贵，很多前来选购的客户都这样认为，我自己也承认这一点，但是那些客户在使用前和使用后是不一样的反应。当他们使用以后，就不这样说了。他们发现，这种电器质量非常好，每年不必花多少维修费，更重要的是它的噪音很小，不会影响员工的情绪，更不会打扰到周遭的居民。我相信您一定会用得非常满意。”

回复二：

销售员："许多人都这样认为，但它之所以那么贵是因为它的材质、质量、使用年限以及售后服务方面都非常优越。先生真有眼光，您可以先试试，绝对不会让您失望。"

我们可以明显看出，在上面两种答复中，答复一比答复二好得多。第一种答复中，销售员首先肯定了客户的异议，这样才能安抚客户的情绪，客户才会继续听下去。在此基础上，销售员把产品的优势顺势推出，这样就能让客户在一种很舒服的状态下接受他的意见。

2.分解价格法

情景中的销售员就是运用的这种方法，他是按产品使用时间的长短和计量单位的不同来报价，把庞大的价格化整为零，隐藏价格昂贵的威慑力。这种方法使价格分散成较小的价位，实际上并没有改变客户的总支出，却比总报价更加容易被人接受。

3.比较法

产品与产品之间打的不仅是价格战，还有质量、性能与其他方面的较量。当客户告知你的产品比其他家贵时，你可以用比较法突出产品的优势。即拿同类产品进行优势对比，突出自己产品在品质、性能、声誉、设计、服务等方面的优势，让客户知道贵有贵的理由。其实，这也是在用转移法化解客户的价格异议。人们常说："不怕不识货，就怕货比货。"在比对当中，客户一目了然，自然会选择物有所值的产品。

然而，在实际销售中，当客户告诉销售员“你们的东西就是比别人的贵”时，恐怕有很多销售员都会很不客气地回敬一句：“一分价钱一分货，你要是不满意，那你就去他那儿买吧。”这绝对是销售的大忌，只会赶走客户。我们应该像案例中销售员那样，灵活地突出自己产品的优势。要注意的是，在比较的时候千万不能贬低竞争对手，小肚鸡肠的销售方式会给客户留下不良印象。

如果你销售的产品是同行业中品质最好的，那么你完全可以和对方说：“是的，我们的产品是比较贵，奔驰不可能卖桑塔纳的价，您说是吗？”

对于那些购买后存在附加成本的产品，我们也可以通过分析产品附加价值的优势，让客户接受较高的报价。比如，在汽车行业，我们就可以从维修、售后服务以及是否省油等方面入手，让客户看到产品的长远价值。

价值要加起来说，价格要分开来说，这样才能消除客户对高价的排斥感。同时，在与客户沟通时，一定要胸有成竹，只有销售员对产品充满自信，客户才可能对你的产品放心。

参考文献

[1]蔡富强.把话说到客户心里去[M].南昌：百花洲文艺出版社，2013.

[2]吴凡.把话说到客户心里去[M].苏州：古吴轩出版社，2016.

[3]乔梁.销售口才实战训练 [M].北京：中国城市出版社，2016.

[4]曹华宗.销售攻心术[M].北京：中华工商联合出版社有限责任公司，2010.